つくって あそぼう!

本といっしょに、
つくってかがくであそぼう

吉井 潤／柏原寛一

青弓社

つくってあそぼう！
本といっしょに、
つくってかがくであそぼう

目次

はじめに……4

1. コロコロどうぶつ……8
2. 風をあつめて……10
3. パタパタどうぶつ……12
4. ぎんいろのたまご……14
5. おどるモール人間……16
6. ソーマトロープ……18
7. カラフルなコマ……20
8. おきあがりこぼし……22
9. パラシュート……24
10. スクラッチアート……26
11. みんなでちぎってつくろう……28
12. みんながアーティスト……30
13. カラフルなおめん……32
14. ひらべったいさかなつり……34
15. 立体さかなつり……36
16. かえる ぴょーん……38
17. へび びょーん……40
18. ダンボール空気砲……42
19. ロケット発射……44
20. ペットボトル空気砲……46
21. ドングリのあそびかた……48
22. クリスマスのくつした……50

23. 浮かぶ玉……52
24. ストローのちから……54
25. 落ちない水……56
26. きれいに落ちるのはどれだ?……58
27. かっこよく着地……60
28. 浮かびあがる絵……62
29. ひみつの手紙……64
30. 空気と水をつかまえよう……66
31. 紙の舟……68
32. 浮かぶたまご……70
33. 浮かぶ一円玉……72
34. こぼれるまであといくつ?……74
35. 色水タワー……76
36. くっつくのはどれだ?……78
37. もしもしの前に……80
38. よく聞こえるのはどれだ?……82
39. 遠くても聞こえる?……84
40. 果物、うくかな? しずむかな?……86
41. 野菜、うくかな? しずむかな?……88
42. サインペンはなにいろ?……90
43. サインペンの花……92
44. ムラサキキャベツの変化……94
45. ムラサキキャベツに絵を描こう……96

参考文献リスト……98
絵本のリスト……118
おわりに……130
イラストの型紙……133

はじめに

　東京都江戸川区立篠崎子ども図書館は、乳幼児から小学6年生までの子どもと保護者を主な対象にした図書館である。したがって、置いてある本は子ども向けのものが圧倒的に多い。図書館員によるおはなし会だけではなく、絵本作家による講演会や女流棋士による将棋教室など、著名人による行事も開催している。ただ、1年分の予算は限りがあるためゲストを呼ぶにも限界がある。そこで、図書館員が本の貸し借り、おはなし会を担当するだけではなく、子どもや保護者によりたくさんの本を手に取ってもらえるように定期的に科学遊びの会や工作会などを開催している。
「かがくであそぼう」は毎月第2月曜日：15時30分から16時15分まで。「つくってあそぼう」は毎月第3月曜日：15時30分から16時15分まで。「つくってかがくであそぼう」は祝日の月曜日：14時30分から15時30分まで。2015年4月から16年3月までの1年間で、「つくってあそぼう」を8回実施して192人が参加、「かがくであそぼう」を7回実施して152人参加、「つくってかがくであそぼう」を4回実施して119人が参加した。
　毎年これだけ開催すると、だんだんネタがなくなっていく。1年の間に同じことを何度も繰り返すと参加者も減ってくるので、繰り返しは避けている。一方、ほかの自治体の図書館員と話をすると、「初めて児童担当者になって工作会をやることになったが、どの本を参考にすればいいのかわからない」と言われる。2013年10月に異動で篠崎子ども図書館に着任した共著者の柏原寛一も、「初めてのときに役立つ本

があったら」と思ったものだ。少し調べてみると、公共図書館の児童サービスのあり方について論じた本は多く出版されていて、図書館の本棚にある。しかし、図書館員が科学遊びや工作会を子どもたち向けにおこなうときにその1冊を手に取ればすむような本はなかった。それぞれの図書館が手探りで工作会をおこなっているのだろう。

　私たちも、科学遊びの本や工作の本を参考にしながら、図書館で少なくとも20人の子どもと一緒に会をおこなうにはどうしたらいいのか苦慮しながら実施している。ほとんどの科学遊びの本、工作の本の例は1人でおこなうか数人でおこなうもので、20人で楽しい場を共有するのが難しかったり、そもそも材料の調達でお金がかかりすぎてしまい、断念することもあった。

　そこで私が2013年4月に館長として着任したときから経理に小口現金（文房具や切手など、小さな出費を処理するための現金）を設けて、事前に館員から申し出があれば決裁を下して100円ショップで材料を買って会を実施するようにした。

　本書の特徴は主に5点ある。

　1点目、掲載した45例は実際に篠崎子ども図書館で実施したもので、そのうち子どもたちの反応がよかったものを厳選した。それぞれに記したコメントなどは、子どもの反応や、進行担当者が注意したほうがいいことである。

　2点目、材料の調達は100円ショップなどですむ、また図書館にある一般的な文房具を使えて、20人が集まっても簡単に実施できることで

ある。1回あたりの支出は総額200円程度であり、「予算がないからできない」ということはなく、気軽に楽しめるものである。

　3点目、型紙を付録としてつけたことである。私たちが参考にした本のなかには切り取って使えるものがあった。そういうものがあれば、わざわざ絵を描く時間がないときに有効だと考えた。そこで、巻末に使用したイラストの型紙をつけた。型紙は切り取るのではなく、該当箇所をコピー機で複写して自由に使っていただきたい。そうすれば何度も利用できるだろう。

　4点目、参考文献を明示した。それぞれの工作や科学遊びで参考にした本、会の当日は使っていないが参考になりそうな本について、書名だけではなく該当ページを記した。作り方や原理をより詳しく知りたい場合に、読者の最寄りの図書館で見ることができるようにしたものである。

　5点目、それぞれの工作や科学遊びに関連する絵本のリストをつけた。作るだけ、実験するだけでは、それだけで終わってしまう。篠崎子ども図書館でおこなう場合は関係する絵本を紹介し、子どもたちが本を借りていく。本書を参考にして会をおこなうときも、ぜひ絵本を紹介して、子どもたちがより本に親しみを持ち、ものづくりや科学に対する興味や関心を高めるきっかけをつくってほしい。

　主な想定読者は公共図書館の児童担当者、学校図書館に携わる方である。しかし、小学校教諭、幼稚園教諭、保育士や学童保育などさまざまな場で子どもと普段から接している大人にも少しは参考になると

思う。さらに、小学生が夏休みの自由研究のネタに困っているときに保護者が手に取って参考になると考える。作ったり実験するだけではなく、仕組みなどを巻末リストの参考文献で調べてまとめると、夏休みの自由研究の成果物になるだろう。

　なお、掲載している写真の一部は吉井と柏原が見よう見まねでモノを作りながら撮影したものである。十分な照明器具や撮影道具を持ち合わせていないため、プロのカメラマンが撮影した本と比べて劣っていて一部見苦しいところもあるが、ご容赦いただきたい。

　本書の内容は個人の見解に基づくものであり、所属組織を代表する公式なものではない。最後に、出版に向けてご尽力いただいた青弓社の矢野恵二氏に厚くお礼を申し上げる。

2018年4月25日
吉井　潤

コロコロどうぶつ

ゴムを動力にした工作です。カタカタとゆれながら、コロコロと進みます。工作がすきな子どもたちにおすすめです。

> あわせて読みたい　参考文献リスト➡98ページ　絵本のリスト➡118ページ

型紙
133
ページ

準備するもの

材料（1個分）

- 紙コップ（プラスチックコップでもいい）……1個
- いきものの絵をプリントした画用紙（頭部、腕、尾など）……1枚
- 輪ゴム……1本
- つまようじ……1本
- ペットボトルキャップ……2個
- ビー玉……1個
- ビニールテープ（表面がさらさらしていないもの）

事前に準備しておくこと

- 輪ゴムに、2センチほどに切ったつまようじ2本をつける。（人数分）
- その場でハサミを使用できない場合は、紙コップ（プラスチックコップ）の口に2カ所の切りこみを入れておく

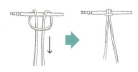

つくりかた

1 ペットボトルキャップのなかにビー玉を入れて、テープでとめる。このときのテープは、セロハンテープでもいいです。

ビー玉はおもりです。ほかのものでもかまいません。

2 1でつくったものに輪ゴムをかけ、キャップ側面にビニールテープでとめる。このとき、左右の輪ゴムとつまようじがペットボトルキャップの中央にあるようにする。

3 紙コップ（プラスチックコップ）の口に2カ所の切りこみを対称に入れ、そこにつまようじをひっかけて2でつくったものをとりつける。

4 うまく動くか試す。うしろに引いて、手をはなすと前に進む。ただし、机や床の素材によってはすべってゴムが巻けないこともある。その場合は、車輪を手で回してゴムを巻き、そのあとで机や床に置いて走らせる。

5 いきもののパーツに色をぬって、紙コップにはりつける。

Point 工程が多く、すこしむずかしいので、1段階ずつ子どもたちの作業のようすをみながら進めましょう。「動く」ものをつくるということは、子どもの興味を引くようです。見本として、しっかりとした飾りをつけたものをつくってもっていくと、たいへんよろこばれます。

つくって
あそぼう！
2

風をあつめて

「風うけ」つきの紙の車を、うちわであおいで走らせます。
風を感じよう。

あわせて読みたい　参考文献リスト ➡ 99ページ　絵本のリスト ➡ 118ページ

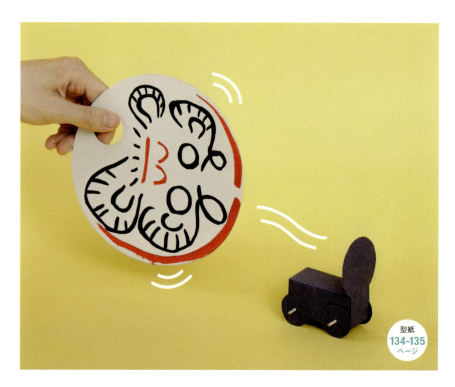

型紙
134-135
ページ

準備するもの

材料（1個分）

- 型紙をプリントした画用紙……1枚
- つまようじ……2本
- 厚紙……1枚

事前に準備しておくこと

- 画用紙を型紙のとおりに、厚紙を丸いうちわの形に切る。車軸を通す穴をキリやとがった鉛筆の先をつかって、大きめにあけておく。
- 安全のため、つまようじの先端をすこしつぶす。

つくりかた

1 うちわにすきな絵を描く。

2 画用紙を組み立てる。合わせ目はのりではる。

3 つまようじで車輪をつける。

風によって走らせることが目的なので、車輪はとくに固定していません。ボンドやのりをつかって、より安定したものにすることもできます。

4 うちわであおいで風をおこし、車を走らせる。前方、後方、斜め、さまざまな向きからためす。

Point 風を感じることがいちばんの目的ですが、工作に熱中する子どもが多いので、車の組み立てもたのしそうです。

つくって
あそぼう！
3

パタパタどうぶつ

ストローをつかった「動くしくみ」がある工作です。
この「しくみ」を応用して、さまざまなものをつくってください。

あわせて読みたい　参考文献リスト ➡ 99ページ　絵本のリスト ➡ 119ページ

型紙
135
ページ

準備するもの

材料（1個分）
- 曲がる部分があるストロー……2本以上
- 型紙をプリントした画用紙……1枚
- 必要なパーツ（カニの場合はツメ）

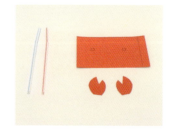

つくりかた

1 1本のストローを、曲がる部分を中心に均等の長さになるように切る。

2 1で切ったストローの曲がる部分を伸ばし、もう1本のストローの曲がる部分ではさみこみ、折りかえした先端のところをセロハンテープでとめる。

3 型紙にしるしのとおりに2カ所の穴をあけ、そのあとで筒状にしてのりでとめる。折り目をつけて四角柱状にしてもいい。

4 2で組み合わせたストローを、3の筒に入れ、切ったストローの両端をあけた穴から出す。下から出た長いストローを上下に動かし、短いストローが動くのをたしかめる。

5 筒に顔などを描き入れ、ストローに必要なパーツをつける。

ストローを継ぎ足して、長い腕にもできます。これはロボット。

 「動く」工作は人気があります。さまざまな色の画用紙を用意し、カニやロボットだけでなく、サル、トビウオ、エビ、トリ……いろいろなものをつくってください。

つくってあそぼう！ 4
ぎんいろのたまご

ふしぎな動きをする銀色のたまご。たまごをつくる容器を変えて、できあがりの違いをくらべてみるのもおもしろいです。

あわせて読みたい 参考文献リスト ➡ 99ページ　絵本のリスト ➡ 119ページ

準備するもの

材料（1個分）
- アルミホイル……10センチ四方程度
- ビー玉……1個
- 紙コップ……2個
- 紙コップにかわるもの
  （深さがある紙皿、使い捨てのお椀、など）……各2個

つくりかた

1 アルミホイルに油性マジックペンで模様を描く。

机をよごさないために、アルミホイルの下に紙を敷きます。

2 ビー玉を入れてアルミホイルを図のようにたたみ、セロハンテープでとめる。

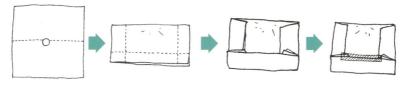

3 紙コップを合わせたなかに入れて上下に振る。ときどき紙コップのなかを確認し、たまご形になっていなければさらに振る。

紙コップをセロハンテープでとめると、ビー玉が飛び出さず、安全です。

4 ほかの容器でもつくり、できあがったものの形や動き方をくらべる。

できあがりを予想してあそびましょう。

> **Point**
> はじめにたまごの見本を見せると、そのふしぎな動きに、子どもたちから驚きの声や、ときには「こわい！」「きもちわるい！」と声があがります。ビー玉のつつみかたや紙コップの振りかたによって、できあがりにはうまくいくものとそうでないものがでてしまうことがあります。つくるのは簡単です。再度、挑戦してもらいましょう。

つくって
あそぼう！
5

おどるモール人間

磁石の力でおどるふしぎなモール人間。
思ったとおりに動かせるかな？　レッツ、ダンシング！

あわせて読みたい　参考文献リスト➡99ページ　絵本のリスト➡119ページ

型紙
136
ページ

準備するもの

材料（1個分）
- モール……1本
- 丸磁石……1個
- クリップ……1個
- 画用紙……10センチ四方程度

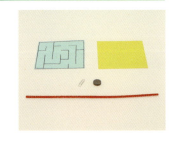

つくりかた

1. モールをねじってヒト形にし、画用紙と接する足の部分をクリップではさんで、セロハンテープでとめる。

2. 画用紙の下で丸磁石を動かし、上でモール人間をおどらせてあそぶ。

3. ヒトに限らず、動物や車などいろいろな形にして遊んでみましょう。

\へび/　　\自動車/

ヒトに限らず、動物や車でもいいと思います。

迷路をプリントすれば、迷路あそびができます。

Point　画用紙をはさんで磁石とクリップは反発し、思ったとおりには動きません。そのもどかしさも、子どもたちの笑いを生みます。ただ動かすだけのようなシンプルなあそびに、子どもからあそびかたのあたらしい提案があるかもしれません。どんどん採用しましょう。

つくって あそぼう！ 6

ソーマトロープ

ソーマトロープは、およそ200年前に発明され、アニメーションのもとになりました。つくりかたは簡単です。「鳥とカゴ」からはじめて、いろいろなものを動かしましょう。

あわせて読みたい　参考文献リスト➡100ページ　絵本のリスト➡120ページ

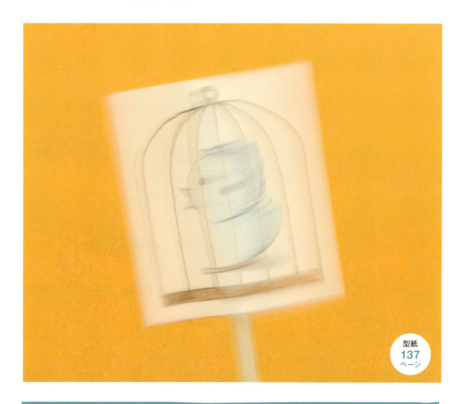

型紙 137 ページ

準備するもの

材料（1個分）

- ストロー……1本
- 絵（鳥とカゴなど）をプリントした画用紙……2枚 それぞれ7センチ×8センチほど

つくりかた

1 絵に色をぬる。

2 片方の画用紙のうらの中央にストローをはる。2枚の画用紙を外表にはりあわせる。

中心からズレすぎないこと。

3 両手でストロー部分をはさむように持ち、手をすりあわせて画用紙を回転させる。鳥がカゴに入っているようにみえる。

4 ほかの絵でもつくってみましょう。

> **Point** 簡単な工作ですが、いつまでもたのしくあそべます。時間に余裕があれば、ほかの絵でもためしてみましょう。カゴはそのまま使用して「○○とカゴ」にしたことや、サルがバナナを持っているようにみえるものをつくったことがあります。子どもからアイデアをつのりましょう。

カラフルなコマ

厚紙とつまようじでつくるコマです。すきな色をつけましょう。
裏面にガムテープをはることで、軸が安定します。

あわせて読みたい　参考文献リスト➡100ページ　絵本のリスト➡120ページ

準備するもの

材料（1個分）
- 厚紙……1枚
- つまようじ……1本
- ガムテープ

つくりかた

1 厚紙を直径6センチほどの円に切る。裏面の中央部にガムテープをはり、目打ちで中心に穴をあける。穴を大きくあけてしまうと、軸が不安定になりやすいので注意する。

ガムテープをはることで、軸が安定します。

円をつくるときはコンパスをつかうと、中心点がわかって便利です。

2 表面にすきな色をぬる。

3 中心につまようじをさす。1センチほど下に出す。

この作業は、図書館員がおこないました。

4 いろいろな形のコマを試してみましょう。

Point 準備も工作も簡単なので、材料をたくさん用意しておいて、何個もつくりましょう。四角や三角のコマをためしてみましょう。また、ベンハムのコマや、図書館員が所有するさまざまなコマを紹介してもいいでしょう。

つくって あそぼう！
8

おきあがりこぼし

ペットボトルとビー玉でつくるおきあがりこぼしです。
完成したみんなの作品をならべて、いっせいにゆらゆら
しているのを見ると、思わず笑ってしまうことでしょう。

あわせて読みたい　参考文献リスト➡101ページ　絵本のリスト➡120ページ

型紙
138
ページ

準備するもの

材料（1個分）

- 丸胴のペットボトル　＊どのサイズでもかまわない……1本
- ビー玉……1個
- 動物のパーツをプリントした画用紙……1枚

つくりかた

1 ペットボトルを幅3センチ程度の輪切りにする。

2 動物のパーツに色をぬる。

3 1のペットボトルの輪切りに各パーツをつける。しっぽ部分は、かならず輪の内側にはる。

4 重心となるところに、ビー玉をセロハンテープではりつける。

Point ビー玉をはる位置の微妙な違いや描いた表情によって、できあがりには個体差がでて、ならべてみるとたのしいです。ほんとうにまっすぐ立つように作るのはむずかしく、また、そうつくる必要もないと思います。それぞれすこしずつ傾いてゆれているようすはユーモラスです。

つくって
あそぼう!
9

パラシュート

ビニール袋でつくるパラシュート。いろいろなものをおもりにして、いちばんちょうどいいものをみんなでみつけましょう。
ゆっくりと落下するパラシュートは、なんとも気持ちがいいものです。

あわせて読みたい　参考文献リスト➡102ページ　絵本のリスト➡120ページ

準備するもの

材料(1個分)
- ビニール袋……1枚
- たこ糸
- おもり(レシートプリンターの芯、粘土、ティッシュペーパー　など)

つくりかた

1 ビニール袋を切り開き、できるだけ正方形に近いシート状にする。

2 ビニールの四隅にたこ糸をつける。

> セロハンテープでとめるだけで十分です。

3 たこ糸4本をまとめて先におもりをつける。粘土のかたまり、丸めたティッシュペーパー、レシートプリンターの芯など、重いもの、軽いもの、さまざまなものをおもりにし、高いところから落としてみて、もっともきれいに落下するものをさがす。

> 使用するビニールのサイズによって、正解はかわります。

レシートプリンターの芯

粘土

Point 簡単につくることができ、いろいろなあそびかたができます。おもりは、さまざまなものを用意してみてください。落としたときに危険でなければ、どんなものでもいいと思います。また、ビニールの大きさや形をかえたり、たこ糸の長さをかえるのはどうでしょうか。

つくって あそぼう！ 10

スクラッチアート

手づくり「けずり絵」です。作業の前に、けずり絵でつくられた絵本や見本を紹介すると、子どもたちもイメージをつかめます。

あわせて読みたい　参考文献リスト➡102ページ　絵本のリスト➡120ページ

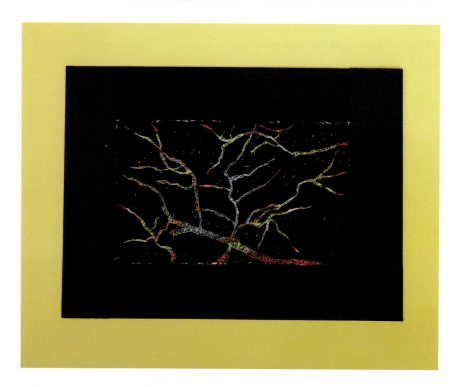

準備するもの

材料（1枚分）

- 画用紙（台紙用:白／枠用:黒など）……1枚
- クレヨン（黒色はひとりにつき1本が必要）
- 割り箸……1本

事前に準備しておくこと

- 枠があると、クレヨンがはみ出して机をよごすことを防げます。
- 枠のサイズにきまりはありません。定規の幅にすると、枠線を引くのも枠を切り出すのも簡単です。

つくりかた

1 白い画用紙に枠線を引く。また、別の紙で同じ幅の枠をつくり、裏に両面テープをはっておく。割り箸の先を鋭角に削り、机などで先をすこしつぶしておく。

2 枠の内側に、黒色以外の明るい色のクレヨンで絵や模様を描く。あとで黒く塗りつぶすことをよく伝える。

手のよごれやクレヨンのカスを拭き取るために、濡らしたふきんがあると便利です。

3 黒いクレヨンで、できるだけ濃く塗りつぶす。

4 割り箸で削るようにして絵を描く。

5 枠をはりつける。

Point せっかくきれいに塗ったものをいちど黒く塗りつぶす、そのことの意味が子どもたちにうまく伝わらないこともありますが、その後、削りはじめたときには、思わぬうつくしい色があらわれて、みんな納得してくれます。

> つくって
> あそぼう！
> 11

みんなでちぎって つくろう

はんぱな画用紙の切れはしなど、さまざまな紙きれをあつめて、みんなでひとつの大きな作品にしましょう。大きいものをつくることは、みんなでなければできません。

あわせて読みたい　参考文献リスト➡102ページ　絵本のリスト➡121ページ

準備するもの

材料

- 画用紙の切れはしなど、さまざまな紙きれ……たくさん
- 模造紙……1枚

つくりかた

1 土台をつくる。サイズは、会場や展示場所の大きさに合わせる。模造紙がなければ、画用紙などをつなぎあわせてもいい。

例：動物園

例：海

「動物園」や「海のなか」など、全体のテーマを設定すると、子どもたちはつくりやすいようです。土台の色はテーマに合わせてください。

2 すきな紙を手に取ってそれぞれがつくったものを土台にはりつけて、作品にする。保護者の同伴があれば、参加してもいい。安全に使用できる年齢の子どもたちには、はさみを使わせてもいい。

> 立体物でもいいです。

Point できるだけたくさんの紙を用意しましょう。古新聞や広告チラシもいいと思います。図書館員も制作に参加して、自由な雰囲気をつくりましょう。立体でもいいか、はみ出してもいいか、子どもたちからあたらしいアイデアがどんどん出てくるでしょう。

つくって
あそぼう!
12

みんながアーティスト

はんぱな画用紙の切れはしなど、さまざまな紙きれをあつめて、作品にしましょう。『まちには いろんな かおがいて』（佐々木マキ／福音館書店）や、実際に撮影してきた「顔にみえる」風景の写真を紹介して、制作のきっかけにします。

あわせて読みたい　参考文献リスト ➡ 103ページ　絵本のリスト ➡ 121ページ

準備するもの

材料（1個分）

- 画用紙の切れはしなど、さまざまな紙きれ……たくさん
- 画用紙（台紙用）……1枚

つくりかた

1 用意した紙きれを、さらにみんなでちぎり、そのあとで、ひとり1枚ずつすきな紙きれを選ぶ。

2 選んだ1枚を土台に、ほかの紙もつかって作品にする。

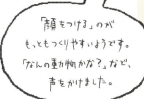

「顔をつける」のがもっともつくりやすいようです。「なんの動物かな?」など、声をかけました。

Point はじめに、子どもたちがちぎった紙のなかからひとつを手に取り、目や口をつけて、その場で見本をつくりましょう。すると、子どもたちもスタートしやすくなるようです。あとは、どんどん生まれる作品をたのしみに待つだけです。

つくってあそぼう！13

カラフルなおめん

はんぱな画用紙の切れはしなど、さまざまな紙きれをあつめて、おめんをつくりましょう。

あわせて読みたい　参考文献リスト ➡ 103ページ　絵本のリスト ➡ 121ページ

準備するもの

材料（1個分）

- 画用紙の切れはしなど、さまざまな紙きれ……たくさん
- 段ボール……1枚

つくりかた

1 段ボールを「おめん」の大きさに切る。

形はさまざまに。

2 紙きれをつかって、自由におめんを飾りつける。安全に使用できる年齢の子どもたちには、はさみを使わせてもいい。

3 目の位置にキリで穴をあける。

この作業は、図書館員がおこないました。

4 自由につくりましょう。

Point どんな紙きれが、だれかにとってどんな重要な材料になるかはわかりません。ふだんは捨てるような細かいもの、何かをつくったときの下書きが残っているものまで、できるだけさまざまな紙きれを用意します。図書館員もいっしょになってつくり、「自由につくっていい」工作会になるようにこころがけましょう。

ひらべったいさかなつり

画用紙とクリップだけでつくる魚つりです。
魚によってクリップをつける位置をかえてみましょう。
さあ、どんなふうにつれるかな?

あわせて読みたい　参考文献リスト ➡ 103ページ　絵本のリスト ➡ 121ページ

型紙
139
ページ

準備するもの

材料（1個分）
- 魚の絵をプリントした画用紙
- クリップ……1個
- 丸磁石……1個
- たこ糸
- 割り箸……1膳

つくりかた

1 魚の形を切り出して、裏面にクリップをはる。

クリップをつける位置は、自由です。

2 割り箸の先にたこ糸を、たこ糸の先に丸磁石をセロハンテープでつける。

たこ糸の長さは子どもの身長に合わせましょう。

3 つる。

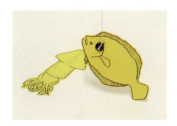

Point 準備も工作も、とても簡単です。魚の絵を白い画用紙にプリントしてぬり絵にしたり、魚そのものを子どもたちに描かせるなど、さまざまなたのしみかたがあります。「立体さかなつり」とあわせておこないましょう。

立体さかなつり

つくって
あそぼう！
15

カラーセロハンをつかったあざやかな魚です。
すずしげで、かわいい魚です。まるまるとして、金魚のようです。

あわせて読みたい　参考文献リスト ➡ 103ページ　絵本のリスト ➡ 121ページ

準備するもの

材料（1個分）

- カラーセロハン　およそA4サイズ……1枚
- 丸磁石……2個
- ラッピングタイ……1本
- ティッシュペーパー……3枚以上
- 丸シール(黒)……2枚
- 割り箸……1膳
- たこ糸

つくりかた

1 ティッシュペーパー2枚を軽く丸めたところに丸磁石を置き、さらにもう1枚でくるむ。

ティッシュペーパーは、これより多くてもかまいません。

---

2 カラーセロハンでつつみ、からだ部分や尾の形を整える。

---

3 ラッピングタイで尾のつけ根をしばる。

---

4 目の部分に丸シール(黒)をはる。

---

5 割り箸の先にたこ糸を、たこ糸の先に丸磁石を、セロハンテープでつけて、つる。

たこ糸の長さは子どもの身長に合わせましょう。

Point つつみかたや目の位置によって個体差が出て、たのしいです。だれでも簡単につくれます。磁石がピタッとつく感触がきもちいいです。「ひらべったいさかなつり」とあわせておこないましょう。

つくって
あそぼう！
16

かえる ぴょーん

ぴょーんとひっくりかえるかえる。
牛乳パックひとつで、8個つくることができます。

あわせて読みたい　参考文献リスト ➡104ページ　絵本のリスト ➡122ページ

型紙
140
ページ

準備するもの

材料（1個分）
- 牛乳パック（開いていないもの）……1個
- かえるをプリントした画用紙……1枚
- 輪ゴム……1本

つくりかた

1 牛乳パックを4センチから5センチ幅の輪切りにする。

2 輪切りにしたものを2つに切る。

3 かえるの絵に色をぬり、顔を描き入れ、**2**の牛乳パックにはりつける。

あらかじめ、かえるの裏には両面テープをはる。

4 図の4カ所に切りこみを入れる。

その場ではさみを使用しない場合は、あらかじめ切りこみを入れておく。そのとき、かえるの絵は切りこみに重ならないようすこし小さいものにする。

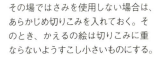

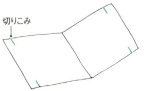

5 輪ゴムを上2カ所の切りこみにかけたあとに交差させ、下2カ所にかける。

Point

「つくったことがある！」「知ってる！」という子どもはいます。それでもこの工作はいつでもたのしめます。つくりたては、折れくせやゴムの強度によって、ひっくりかえるまでに時間がかかるものもありますが、そのままじっと待っているのもたのしみのひとつです。どうしてもがまんできない子どものためには、何度か折り込んで、ひっくりかえりやすくしましょう。

つくって
あそぼう!
17

へび びょーん

びょーんと跳びあがるへび。
牛乳パックの輪切りをたくさんつなげてつくりましょう。
箱につめれば、アッとおどろくびっくり箱です。

あわせて読みたい　参考文献リスト➡104ページ　絵本のリスト➡122ページ

型紙
140
ページ

準備するもの

材料(1枚分)

- 牛乳パック(開いていないもの)……1個
- 輪ゴム……4本
- へびの頭部をプリントした画用紙……1枚

つくりかた

1 牛乳パックを3センチから4センチ幅の輪切りにする。

1人分は4コを標準としています。あまりに細くなければ、幅は何センチでもうまくつくることができます。

2 図の4カ所に切りこみを入れる。

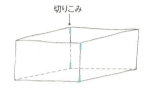

切りこみ

3 4カ所の切りこみをつなぐように輪ゴムをかける。

4 セロハンテープで牛乳パックを写真のようにつなげる。

5 頭部に目や口を描き、色をぬって、端の牛乳パックにはりつける。頭部が上になるように牛乳パックをたたむ。

Point とてもよく跳びあがります。子どもたちに分ける牛乳パックを切り出す際に余ったパーツがあれば、そのすべてをつかい、長い長いものをつくっておきましょう。最後に見せると、みんなびっくり、おおよろこびです。

つくって
あそぼう！
18

ダンボール空気砲

空気砲で、空気を感じよう。ひとりに1台をつくるのが
たいへんなときは、つくりかたを教えましょう。家庭にあるもので、
簡単につくることができます。

あわせて読みたい　参考文献リスト➡105ページ　絵本のリスト➡122ページ

型紙
141-142
ページ

準備するもの

材料（1個分）

- 段ボール……1箱分
- ガムテープ
- 的（魔物など）をプリントした紙……2枚

つくりかた

1 段ボールのいちばん小さな面に直径10センチ程度の穴をあける。

2 そのあとで段ボールを箱の形に組み立てて、すべての辺をガムテープでしっかりと目張りする。

3 2つ折りにした的を立てて、空気砲の側面を両手のひらでたたき、倒すゲームをする。

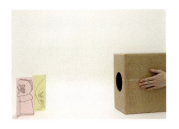

4 このほかに、離れたところに新聞紙を広げてもったひとを立たせ、どこまで空気が届いているか調べる実験などができる。

大きい空気砲を正確に撃つのにはコツがいります。事前に練習しておくといいと思います。

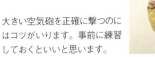

空気砲は「かがくあそび」の定番で、さまざまなところであそんだことがある子どもが多いようです。的あてのほか、線香のけむりを入れて空気の輪を見えるようにする実験など、おもしろいものがたくさんあります。材料は段ボールだけです。つくりかたを教えて、家庭でもたのしんでもらいましょう。

つくって
あそぼう！
19

ロケット発射

紙コップのロケットを高く飛ばします。すごい勢いで飛ぶので、みんな驚きます。思いきり打ち上げましょう。

あわせて読みたい 参考文献リスト ➡ 106ページ　絵本のリスト ➡ 122ページ

準備するもの

材料（1個分）

- 段ボール……1箱分
- 段ボールの切れはし（空気砲の穴をあけた面と同じ大きさが望ましい）……1枚
- ガムテープ
- 紙コップ……1個

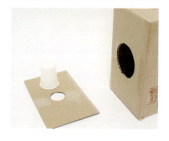

つくりかた

1 18「ダンボール空気砲」をつくる。
段ボールの切れはしに紙コップの口よりも径の小さな穴をあけ、空気砲の穴があいた面にはりつける。

段ボールの切れはしをはがすだけで、「ダンボール空気砲」に戻すことができます。

2 紙コップをロケットのように飾りつける。

3 上に向けた空気砲の穴に紙コップのロケットをのせる。側面をたたいて飛ばす。

「どれくらい飛ぶと思う?」と、聞いてみましょう。

Point 天井にぶつかるほど飛びます。ほとんどの子どもが予想できないほど、高く飛びます。アッ!と驚いた顔を見るのはたのしいです。

つくって
あそぼう！
20

ペットボトル空気砲

ペットボトルでつくるポケットサイズの空気砲です。
小さいけれど、威力はあります。

あわせて読みたい　参考文献リスト ➡ 106ページ　絵本のリスト ➡ 122ページ

型紙
141-142
ページ

準備するもの

材料（1個分）

- ペットボトル　500ミリリットル以下サイズ……1本
- 風船……1個
- ビニールテープ
- 的（魔物など）をプリントした紙

つくりかた

1 ペットボトルを横半分に、風船も横半分に切る。風船は径がもっとも大きいあたりで切ること。

2 ペットボトルの切り口に風船をかぶせ、ビニールテープでまわりをとめる。

この作業には、コツがいります。

3 的を立てて、風船をひっぱってのばしてから手をはなし、空気を放って倒す。

Point ポケットサイズの空気砲で、子どもたちは気にいるでしょう。しかし、つくるのにはコツとそれなりの力がいり、子どもたちだけでつくるのはむずかしいかもしれません。

つくってあそぼう！21　ドングリのあそびかた

簡単なドングリの工作を三種。ドングリの季節に、ドングリの本を読み聞かせるときに、どうぞ。
左から、笛、舟、コマです。

> あわせて読みたい　参考文献リスト ➡ 106ページ　絵本のリスト ➡ 123ページ

笛　　舟　　コマ

準備するもの

材料（1個分）

- ドングリ……3個
- つまようじ（コマ用）……1本

笛のつくりかた

1 ドングリの頭の部分をコンクリートにこすりつけて4分の1ほど削ったら、つまようじや目打ちなどで、中身を取り出す。

コンクリートにこすりつけるときは、指を削らないように注意しましょう。

2 吹いてみせる。

舟のつくりかた

1 ドングリの側面をコンクリートにこすりつけて舟の形になったら、つまようじや目打ちなどで、中身を取り出す。

コマのつくりかた

1 目打ちなどでドングリの頭の部分に穴をあけ、つまようじを差し込む。つまようじの余分なところを切る。

Point ドングリをつかったあそびはいろいろありますが、笛と舟を知っている子どもはあまりいないようです。笛を吹くにはコツがいります。練習しておきましょう。

クリスマスのくつした

大きなくつしたです。クリスマスプレゼントになる
工作もいいですが、クリスマスプレゼントを入れるくつしたを
つくるのもいいなと思い、考えました。

あわせて読みたい　参考文献リスト➡107ページ　絵本のリスト➡123ページ

準備するもの

材料（1個分）

- 画用紙……赤2枚（本体）／そのほか飾り用に白色など
- 折り紙
- リボン

ほかに、綿など、飾りになるものを用意してもいい

つくりかた

1 赤い画用紙2枚をくつしたの形に切って、口の部分をのぞいてまわりをのりではりあわせ、絵を描く。

2 折り紙で星や天使などを折ったり、画用紙を丸や雪だるまの形に切る。白い画用紙をくつしたの口の部分の長さに切る。これは、子どもたちに手でちぎらせてもいい。

3 折り紙や雪だるまに絵を描く。丸い画用紙のなかにはクリスマスに「ほしいもの」を描く。

4 それぞれの飾りをくつしたにはりつける。

5 口のあたりに穴あけパンチで穴をあけ、リボンをとおす。

あらかじめあけておいてもいいです。

Point クリスマスが近づいたころにおこないましょう。絵を描く作業がメインですが、くつした、雪だるま、丸い画用紙、と対象がいくつかあるので、飽きずに進みます。どんなツリーにもかけられるように、リボンは長めにしましょう。

つくって あそぼう！ 23

浮かぶ玉

アルミホイルの玉を浮遊させましょう。準備は簡単ですが、浮遊させるのはむずかしいです。車座になって、みんなで挑戦しましょう。だれがはじめに成功させるかな？

あわせて読みたい　参考文献リスト➡107ページ　絵本のリスト➡123ページ

準備するもの

材料（1個分）
- 曲がるストロー……1本
- アルミホイル……5センチ四方程度

つくりかた

1 ストローを曲げ、短いほうの先を5つか6つに切り、広げる。

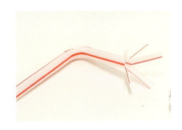

2 アルミホイルをかるく丸めて、直径1センチから2センチほどの玉にする。

3 ストローにそっと息を吹き込み、ストローの広げた先にのせたアルミホイルの玉を浮遊させる。

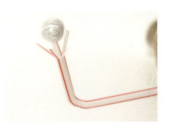

むずかしいです。車座になって、みんなで挑戦しましょう。

Point 浮遊状態を維持するのはとてもむずかしいです。ぜひ、車座になってあそんでください。すぐにコツをつかんで、うまく浮かすことができる子どももいるでしょう。それは大きい子どもかも、小さい子どもかもわかりません。できるひとから、みんなで学びましょう。

ストローのちから

つくってあそぼう！ 24

どんなに大判の本も、ストローの上をスイスイと動きます。
図書館でいちばん大きな本を動かしてみましょう。

あわせて読みたい　参考文献リスト➡107ページ　絵本のリスト➡123ページ

準備するもの

材料

- ストロー……50本ほどあるといい
- 本……図書館でいちばん大きな本をはじめ、何冊か

つくりかた

1 机の上に置いた本を手で押し、このままではあまり動かないことをたしかめる。また、子どもにも押させてみる。

動かす方法にはどんなものがあるか、聞いてみましょう。

2 ストローをできるだけ長く広げて並べる。

3 ストローの上に本を置いて手で押す。ごく小さなちからでも、ストローの上をスイスイと動く。図書館でいちばん大きな本を用意して、同様に動かす。また、子どもにも押させる。

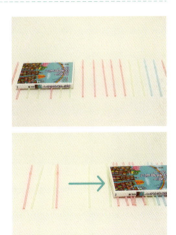

スイスイと動きます。

Point

簡単な実験ですが、ストローの「あり」「なし」による違いが、とてもよく実感できます。ローラー滑り台の話や建物の移動の話をしましょう。

つくって あそぼう！ 25

落ちない水

網の目から落ちないふしぎな水。慎重を要する実験です。
子どもたちにも慎重に見守ってもらいましょう。

あわせて読みたい　参考文献リスト ➡ 108ページ　絵本のリスト ➡ 123ページ

準備するもの

材料
- ボウル
- プラスチックコップ……1個
- 台所用ネット……1枚

事前に準備しておくこと
- 台所用ネットを切り開いて1枚にする。
- ボウルに、プラスチックコップがすべてはいる嵩(かさ)の水をはる。

つくりかた

1 台所用ネットをプラスチックコップの口にかぶせてもつ。

2 水のなかに入れる。なかの空気がすべて出るように沈める。

3 コップの底面を上にして、まっすぐに水から出す。

4 網の目から水が落ちないことをたしかめる。

Point　網の目から水が落ちないのは、あまりにもふしぎな状態です。その不自然なさまに、同伴のおとなも戸惑います。一度でうまくいくように、よく練習しておきましょう。

きれいに落ちるのはどれだ？

植物の種のしくみをモデルにした紙の回転落下。子どもたちからアイデアをつのって、あたらしい落下のしかたを発見しましょう。

あわせて読みたい　参考文献リスト ➡ 108ページ　絵本のリスト ➡ 124ページ

準備するもの

材料（1個分）
- 折り紙……1枚
- クリップ……1個

つくりかた

1 折り紙を四等分する。

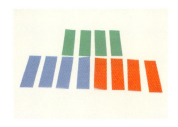

2 （写真左から）①輪っかにして中心をホチキスでまとめたもの、②２つに折った折り目にクリップをつけて、両端をねじったもの、③長いまま両端をねじったもの、④なにもしていないもの、をつくり、それぞれ落下させて、回転のようすをたしかめる。

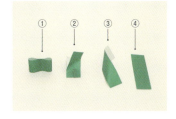

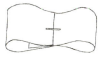
① 輪っかにして中心を
　ホチキスでまとめたもの

② ２つに折った折り目にクリップを
　つけて、両端をねじったもの

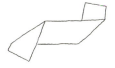
③ 長いまま両端をねじったもの

3 ほかにもさまざまな折りかたをして、回転するかをためす。

自由に発想して！

Point 材料もすくなく、すぐにおこなえます。加工のしかたで、落ちかたは大きくかわります。子どもたちにも興味をもってもらえると思います。あたらしい方法を発明するあそびをしたり、落ちかたのモデルとなった種子について書いてある本を紹介しましょう。

つくって
あそぼう！
27

かっこよく着地

高いところから落としても、さかさまに落としても、
うまく着地します。ネコだけでなく、イヌ、ブタ、タコ……
いろいろなものを着地させてあそびます。

あわせて読みたい　参考文献リスト ➡108ページ　絵本のリスト ➡124ページ

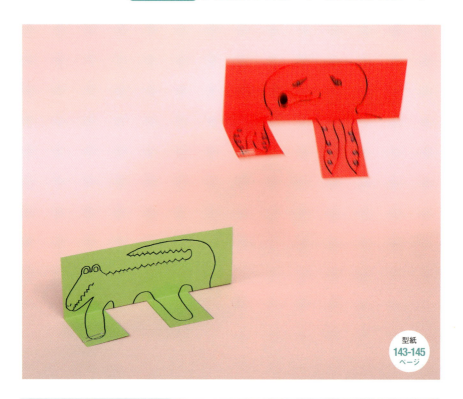

型紙
143-145
ページ

準備するもの

材料（1個分）
- 絵をプリントした画用紙（写真のものはA5サイズ）……1枚
- クリップ……2コ

つくりかた

1 横にした画用紙の下半分を縦に四等分する切りこみを入れる。

すきな色をぬりましょう。

2 切った部分を交互に山折り、谷折りにする。

この状態でも、ほとんどうまくあそべます。

3 両端の足にクリップをつける。

4 落としてあそぶ。

> **Point** 簡単につくれるので、小さな子どもに人気の工作です。動物の絵は自由に描かせてもいいでしょう。クリップをつけるほかに、より安定する方法を考えて、ためしてください。

つくってあそぼう！ 28

浮かびあがる絵

水につけると絵が浮かびあがるふしぎな紙。
たくさん用意して、おみくじにしてあそびます。

あわせて読みたい　参考文献リスト➡108ページ　絵本のリスト➡124ページ

準備するもの

材料（1 個分）
- 折り紙……1枚
- 石けん
- バット

つくりかた

1 折り紙の裏に石けんで絵や文字を描く。

2 バットに水をはり、折り紙をひたす。

3 絵が浮かびあがる。

4 あらかじめ用意しておいたものを折りたたみ、どんなものが浮かびあがるかわからない「おみくじ」にしてあそべます。

> **Point**　「おみくじ」にする場合は、いろいろな種類の絵を用意します。小さな子どもはとくにたのしみます。家庭にあるものが材料です。「家でもやる！」「おふろでやる！」という親子がたくさんいるでしょう。

つくってあそぼう！29

ひみつの手紙

二重の封筒に入って、ぜったいに読めないはずの手紙。
でも、読めます。ふしぎです。ひみつの手紙を書きましょう。

あわせて読みたい 参考文献リスト ➡ 109ページ　絵本のリスト ➡ 124ページ

準備するもの

材料（1個分）

- 白い封筒……1枚
- 白い封筒よりも小さい茶封筒（用意できない場合は、切って小さくする）……1枚
- 茶封筒にはいる大きさの白い紙……1枚
- 黒い画用紙（A6サイズ程度）……1枚
- 黒いサインペン

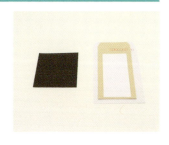

つくりかた

1 白い紙に黒いサインペンで絵や文字を描く。

2 1の白い紙を茶封筒に入れ、さらに白い封筒に入れる。書いた絵や文字が透けていないことをたしかめる。

3 黒い画用紙を丸めて筒にする。

4 封筒を蛍光灯などの光に向け、下から筒を当ててのぞくと、描いた絵や文字が見える。

Point　見えないものが見える、そのふしぎさに、子どもたちが熱中します。見るにはコツがいります。しばらくはみんなで練習が必要かもしれません。そのうち、ひとり、ふたりと「見えた！」と言うでしょう。

つくって
あそぼう!
30

空気と水をつかまえよう

水のなかの空気、空気のなかの水を、
コップをつかって見えるようにしてみましょう。

あわせて読みたい　参考文献リスト➡109ページ　絵本のリスト➡125ページ

準備するもの

材料
- ボウル
- プラスチックコップ……1個
- ティッシュペーパー……1枚

事前に準備しておくこと
- ボウルに、プラスチックコップがすべてはいる嵩(かさ)の水をはる。

空気をあつめてみよう

1 プラスチックコップの底の内側に丸めたティッシュペーパーをセロハンテープではりつけ、口を下にしてまっすぐ水のなかに入れる。全体が水につかったら、そのまま引きあげ、水から出す。ティッシュが濡れていない、すなわちプラスチックコップのなかに水が入らなかったことをたしかめる。

水をあつめてみよう

1 プラスチックコップを水のなかに入れて、空気をぬく。底面を上にして、水面から出し、プラスチックコップのなかに入った水が、水面より高いところへもちあげられていることをたしかめる。

Point
ティッシュペーパーが濡れていないことをふしぎに思うでしょう。驚きや感動を、その場で子どもといっしょに感じて、たのしんでください。

つくって あそぼう！ **31**

紙の舟

水面をピューッと進みだす小さな紙の舟。
まっすぐに、いきおいよく進みます。

あわせて読みたい　参考文献リスト ➡ 109ページ　絵本のリスト ➡ 125ページ

準備するもの

材料（1個分）

- バット
（参加人数が多いときは、バットをいくつか用意）
- 普通紙
- スポイト
- 食器用洗剤

事前に準備しておくこと

- バットに水をはる。

食器用洗剤

つくりかた

1 2.5センチ×3.5センチほどに切った紙片に舟の絵を描く。

2 舟を水に浮かべる。

3 舟の後方にスポイトで洗剤を1滴たらす。

あっという間にピューッと進みます。

Point 小さく切っただけの普通紙ですが、すごい勢いでピューッと進むので、子どもは驚きます。何度も洗剤を入れて濃度が高くなってしまうと動かなくなるので、水を替えるなどの対策が必要です。

つくって
あそぼう!
32

浮かぶたまご

生たまごは水に沈みます。
さて、このたまごを浮かすには……?

あわせて読みたい　参考文献リスト ➡110ページ　絵本のリスト ➡126ページ

準備するもの

材料
- 生卵……1個
- ボウル
- 塩……500グラム以上（水を入れる容器による）
- スプーン

塩

つくりかた

1 ボウルに水をはり、たまごを入れる。

2 すこしずつ塩を入れる。かきまぜる。

> 「塩を入れるとどうなると思う?」
> 「どれくらい入れるとうかぶと思う?」
> など、問いかけながら、
> ひとさじずつ入れましょう。

3 たまごが浮かぶ。

Point ひとさじずつ、声をかけながら塩を入れるのがポイントです。また、はじめに予想をたててもらいましょう。大きめのビーカーなどがあれば、見やすくて、いいと思います。

つくって
あそぼう！
33

浮かぶ一円玉

そっと水に浮く一円玉。
浮かべるときには、慎重に、きわめて慎重に。

あわせて読みたい　参考文献リスト ➡ 110ページ　絵本のリスト ➡ 126ページ

準備するもの

材料
- ボウル
- クリップ……1個
- スポイト
- 食器用洗剤
- 一円玉

食器用洗剤

事前に準備しておくこと
- クリップの一部を図のように曲げて伸ばす。

曲げて伸ばす

つくりかた

1 水をはったボウルに、準備したクリップをつかって一円玉を浮かせていく。

> 緊張する場面です。

指のあぶらなどによって水がよごれてしまうのをふせぐために、クリップをつかいます。

2 浮いた一円玉同士がくっつきます。

ボウルの壁面に寄ってしまい、すべては集まらないこともあります。

3 一円玉に当たらないように洗剤をたらす。

4 一円玉が沈むようすを見る。

Point ほんとうに軽いものしか水には浮かばない、と思っている子どもが驚く実験です。一円玉を浮かせていく作業は、たいへん緊張します。子どもたちにも、いっしょになって集中してもらいましょう。子どもたちが「やりたい！」と言えば、任せましょう。

つくって
あそぼう！
34

こぼれるまであといくつ？

なみなみと水を入れたコップに、いくつの一円玉が入るでしょう。
思わぬ枚数が必要です。一円玉はたくさん用意しておくこと。

あわせて読みたい　参考文献リスト ➡ 111ページ　絵本のリスト ➡ 126ページ

準備するもの

材料

- プラスチックコップ……1コ
- 紙皿……1枚
- 一円玉……たくさん（40枚ほどあるといい）

つくりかた

1 紙皿のなかに立てたプラスチックコップに水を入れ、ふちまでいっぱいあることをたしかめる。

水がこぼれたときのため、プラスチックコップの下に紙皿などを敷きます。

2 1枚ずつていねいに、一円玉を入れる。

「一枚、二枚……」とみんなで数えながら、入れていきましょう。

3 こぼれるまで入れる。

Point シンプルな実験ですが、子どもたちはほんとうにたのしそうにします。きっと、思っているよりもたくさん入ります。一円玉は多めに用意してください。ビー玉やおはじきでもできます。

色水タワー

つくってあそぼう！ 35

砂糖＋塩水、砂糖水、水を重ねます。
うまくいくと、とてもきれいに重なります。

あわせて読みたい　参考文献リスト ➡ 112ページ　絵本のリスト ➡ 126ページ

準備するもの

材料

- プラスチックコップ……3個
- 砂糖……スプーン10杯分以上
- 塩……スプーン5杯分以上
- 絵の具……2色（赤／青）
- ろうと
- スプーン

つくりかた

1 青い色水を作る。プラスチックコップに3分の1程度の水を入れ、青い絵の具を入れて溶かして、色をつける。

2 赤い色水を作る。プラスチックコップに3分の1程度の水を入れ、砂糖を5杯ほど入れてよく溶かし、さらに赤い絵の具を入れて色をつける。

3 砂糖＋塩水を作る。プラスチックコップに3分の1程度の水を入れ、砂糖を5杯ほど、塩を5杯ほど入れて、よく溶かす。塩は溶けにくいため、よく混ぜればすべて溶けなくてもいい。

4 **3**の「砂糖＋塩」水に、**2**の「砂糖」水を、ろうとをつかってゆっくりと注ぐ。重なっていることがわかれば、すべて注がなくてもいい。

5 さらに、**1**の水を、ろうとをつかってゆっくりと注ぐ。重なっていることがわかれば、すべて注がなくてもいい。色水が混じらずに、重なっているようすを見る。

> **Point** 色水を注ぎ入れる瞬間は、見ている子どもたちの期待が伝わって緊張します。いっしゅん混じってしまったように見えたものも、しっかりと分離しはじめるので、あわてないでください。事前に練習をして、うまく注ぐ感覚をつかんでおくといいでしょう。

つくって
あそぼう！
36

くっつくのはどれだ？

ガラクタをたくさんあつめて、ひとつひとつ磁石を近づけてみる……
くっつくのは、どれ？　くっつかないのは、どれ？
くっつきそうでくっつかないものも、あります。

あわせて読みたい　参考文献リスト ➡ 112ページ　絵本のリスト ➡ 127ページ

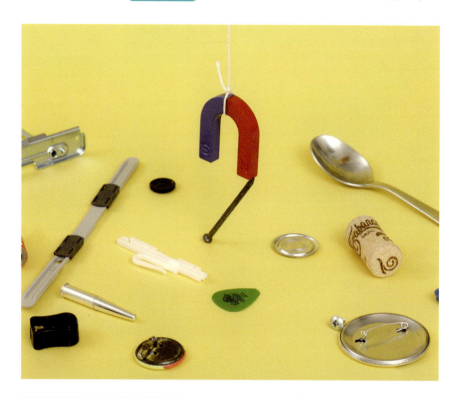

準備するもの

材料

- 磁石……1個
- たこ糸
- ガラクタ……たくさん

つくりかた

1 ガラクタを広げ、磁石につきそうなものと、つかなそうなものをみんなで分ける。

2 磁石を近づけて答え合わせをする。

> たこ糸にさげたU字磁石をつかうと、おもむきがあります。

Point はじめに仕分けるときは、どんなに小さなものでも、ひとつずつ取りあげて、みんなで確認しながら分けましょう。また、そのガラクタはいったい何なのか？、そういったたのしみかたもできます。ひとつかふたつは、かならず予想を裏切るものがあるはずです。

つくって
あそぼう
37

もしもしの前に

糸電話で通話実験をする前に……糸電話のたこ糸を
ぬれた布でこすると、大きな音がします。どんな音がする?
何の音がする? おとなも子どもも、だれでもワッと驚きます。

あわせて読みたい 参考文献リスト➡113ページ 絵本のリスト➡127ページ

準備するもの

材料（1個分）
- 紙コップ……1個
- たこ糸
- ふきん……2枚

つくりかた

1 紙コップの底に穴をあけ、たこ糸をとおす。結び目をつくって紙コップの内側の底にセロハンテープでとめる。

2 糸電話のたこ糸を指でこする。

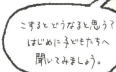
こするとどうなると思う？
はじめに子どもたちへ
聞いてみましょう。

3 糸電話のたこ糸を乾いたふきんでこする。

4 糸電話のたこ糸を湿らせたふきんでこする。

なんの音だったと思う？
子どもたちへ
聞いてみましょう。

力を込めすぎて、たこ糸を抜いてしまわないように注意。

Point だれも予想できないような大きな音が出ます。子どももおとなも、かならず驚きます。緊張し、力を込めすぎて、たこ糸を引き抜いてしまうことがあるので、注意してください。

つくって あそぼう！ 38

よく聞こえるのはどれだ？

電話線の素材によって、聞こえかたはどうかわるでしょうか。
糸電話の実験は、みんなに静かにしてもらうこと、
これが成功のカギです。

あわせて読みたい　参考文献リスト➡113ページ　絵本のリスト➡127ページ

準備するもの

材料

- 紙コップ……6個
- たこ糸
- 毛糸
- スズランテープ

※このほかにもさまざまな種類の紐でためしてください。

つくりかた

1 それぞれの素材で糸電話をつくる。

つくりかたは「もしもしの前に」と同じ。

2 たこ糸の糸電話をつかって通信する。

会場を目いっぱいつかって、できるだけ長い距離をとりましょう。

3 毛糸、スズランテープの糸電話をつかって通信し、聞こえるか聞こえないか、聞こえた場合は、聞こえかたの違いをくらべる。

Point

たこ糸よりも太い紐では音は聞こえないのではないか、と思うかもしれません。実際には、聞こえかたに違いはありますが、どれもしっかりと聞こえます。子どもたちにも体験させましょう。

つくって
あそぼう!
39

遠くても聞こえる?

糸電話は電話線を屈折させても通信できます。
また、多数の糸電話での通信も可能です。
何ヵ所も折れ曲がった先から届くメッセージを、ひとりひとりが
耳をすませて待っているのは、ドキドキと胸おどる体験です。

あわせて読みたい　参考文献リスト ➡ 114ページ　絵本のリスト ➡ 127ページ

準備するもの

材料

- 紙コップ……人数分
- たこ糸
- クリップ……屈折箇所分

事前に準備しておくこと

- 事前に会場内に電話線をはる。クリップにつけたたこ糸の輪に電話線を通して屈折させる。確実に通信できるかあらかじめたしかめておく。発信場所と受信場所は目視できないほうがおもしろい。

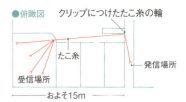

84

つくりかた

1 クリップにつけたたこ糸の輪に、ひとりひとりに渡した片側の糸電話の電話線を結び付ける。

たこ糸の輪

複数をつなげた場合

2 全員で通信できることをたしかめる。

発信者は、わかりやすいことばを、何度かくりかえし言うこと。

Point　おおがかりな実験です。はじめは、ほんとうにうまくいくだろうか、と不安もあるでしょう。会場にいた子どもたちみんなに同じメッセージが聞こえて、実験が成功したとき、たいへんもりあがります。成功のカギは、①しずかにすること、②電話線をピーンとはること、です。子どもたちみんなの協力が必要な大実験です。

つくって
あそぼう！
40

果物、うくかな？
しずむかな？

さまざまな果物を水に入れると、うくかな？　しずむかな？
皮をむいたり、凍らせたりして、くらべてみましょう。

あわせて読みたい　参考文献リスト ➡ 114ページ　絵本のリスト ➡ 127ページ

準備するもの

材料（1個分）
- ボウル
- リンゴ……3個
- バナナ……3本
- ミカン……3個
- キウイ……3個

事前に準備しておくこと
- ミカン、キウイ、バナナ、リンゴ（それぞれ1個）の皮をむき、凍らせる。
- ミカン、キウイ、バナナ、リンゴ（それぞれ1個）の皮をむく。

つくりかた

1 果物を、そのままのもの、皮をむいたもの、凍らせたもの、それぞれをよくわかるように見せる。

2 ボウルに水をはり、ミカン、皮をむいたミカン、凍ったミカン、の順に入れ、それぞれの状態を見る。

> 水に入れる前に「うくかな？しずむかな？」と聞いてみましょう。

3 そのほかの果物も同じように水に入れ、状態を見る。

Point 果物を水に入れるときは、よく声をかけ、見のがす子どもがいないように、ひとつひとつていねいに入れましょう。いったん、トプンと沈んだ果物が、浮かんでくるか、沈んだままか、そのいっしゅんの緊張感を子どもたちといっしょにたのしみましょう。

つくってあそぼう！ **41**

野菜、うくかな？しずむかな？

さまざまな野菜を水に入れると、うくかな？ しずむかな？
油に入れたら、どうなるだろう？

あわせて読みたい 参考文献リスト➡114ページ　絵本のリスト➡128ページ

準備するもの

材料（1個分）
- プラスチックコップ（大）……1個
- サラダ油……コップ半分程度
- キュウリ……1本
- ニンジン……1本
- ナス……1本
- ジャガイモ……1個
- 砂糖

事前に準備しておくこと
- 野菜をそれぞれひと口大に切る。

つくりかた

1 プラスチックコップに半分程度の水を入れる。

2 キュウリを水に入れて、状態を見る。

> 水に入れる前に「うくかな？しずむかな？」と聞いてみましょう。

3 そのほかの野菜も同じように水に入れていき、状態を見くらべる。

4 サラダ油を注ぎ入れて、水の状態、野菜の状態の変化を見る。

> 油を注ぐ前に「油を入れるとどうなると思う？」と聞いてみましょう。

5 砂糖を加えて状態の変化を見る。

Point 水に入れる瞬間は、もっともたのしいところです。うくかな？、しずむかな？、という子どもたちの期待と緊張が伝わってきます。野菜に余分があれば、切る前のものも見せます。

サインペンはなにいろ？

コーヒーフィルターと水をつかって、サインペンの色を分解します。みんながすきなあの色は、何色からできているかな？

あわせて読みたい　参考文献リスト➡115ページ　絵本のリスト➡128ページ

準備するもの

材料（1個分）
- コーヒーフィルター……1枚
- プラスチックコップ……1個
- 割り箸……1膳
- 水性サインペン

つくりかた

1 コーヒーフィルターを短冊形に切り出し、割り箸にはさむ。プラスチックコップの口にかけたとき、コーヒーフィルターの裾がコップの底につかないように調整する。

2 コーヒーフィルターの下部にサインペンでしるしをつける。

3 水を入れたコップの口に割り箸をかけて、コーヒーフィルターのすそを水につける。

4 吸い上げられた水によってサインペンの色素が分解されるようすを見る。

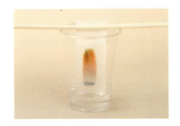

Point 作業の意味がわからずにいた小さい子どもでも、実際に水が吸い上げられ、徐々に色が分解され上昇をはじめると、かじりつくようにして見ます。赤や青がすきな子どもが多いようですが、分解したときのうつくしさは茶色がいちばんです。
6色、12色、24色分のコップをならべてみてはいかがでしょうか。

つくって あそぼう！ 43

サインペンの花

花のような、花火のような、太陽のような、ひかりのような、うつくしい模様をつくりましょう。年齢を問わずたのしめます。

あわせて読みたい　参考文献リスト➡116ページ　絵本のリスト➡128ページ

準備するもの

材料（1個分）
- コーヒーフィルター……1枚
- スポイト
- 水性サインペン

つくりかた

1 コーヒーフィルターを丸く切り出す。

2 サインペンで模様を描く。

あまりに外側に描いてしまったものには、水が届きません。できるだけ中心の近くに描きます。

3 3つに折りたたみ、机の上に置く。

4 スポイトを使って、頂点に、水を3滴から6滴ほどたらす。5分以上待って、フィルターを開く。

じっくりと、よく待ちましょう。

Point どんな色が、どんな模様が、開いたときにうつくしいものかわかりません。小さい子どもが描いた不均等な模様が、とてもきれいににじんだことがあります。きれいにできたものはしおりにしたい、と思いますが、インクが本をよごしてしまうかもしれません。どうしても、というときにはラミネート加工します。

つくってあそぼう！44 ムラサキキャベツの変化

ムラサキキャベツを煮出した汁に、さまざまな液体を入れ、色が変わるようすを見てみましょう。いっしゅんにして、あざやかに、うつくしく変化します。

あわせて読みたい　参考文献リスト➡116ページ　絵本のリスト➡128ページ

準備するもの

材料

- ムラサキキャベツを煮出した汁……500ミリリットル程度
- 重曹
- 酢
- 糸こんにゃくの汁
- レモン汁
- 塩
- プラスチックコップ……10個
- スプーン
- ボウル

事前に準備しておくこと

- ムラサキキャベツを千切りにし、沸騰した湯（ムラサキキャベツ4分の1個分の場合、500ミリリットルほど）に入れる。火をとめて、15分から30分程度置いて、煮出す。
- ムラサキキャベツを煮出した汁を入れたプラスチックコップを5個つくる。

つくりかた

1 水に溶いた重曹、酢、糸こんにゃくの汁、レモン汁、塩を、それぞれプラスチックコップに入れる。

2 1を、ひとつずつムラサキキャベツを煮出した汁に入れ、色の変化のようすを見る。

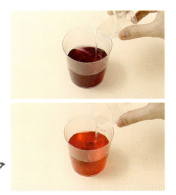

> 変化はいっしゅんに起こります。注ぐときは声をかけ、見のがす子どもがいないようにしましょう。塩は変化がないはずです。

3 最後に、すべての液体を同じボウルに入れていき、そのたびに色が変化するようすを見る。

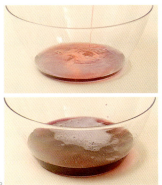

すべての液体を入れたもの。

Point 材料の調達や事前の準備に手間がかかりますが、実験はうつくしく、劇的で、子どもたちにもよろこばれます。ムラサキキャベツの汁や、糸こんにゃくの汁、酢など、においがあるものもあります。そのことさえ、子どもはおもしろがるでしょう。

つくってあそぼう！ 45

ムラサキキャベツに絵を描こう

ムラサキキャベツを煮出した汁で染めた画用紙に、さまざまな液体で絵を描いてみます。さて、どんな色になるかな？

あわせて読みたい　参考文献リスト⇒117ページ　絵本のリスト⇒128ページ

準備するもの

材料（1個分）

- 画用紙　ハガキサイズ……3枚
- ムラサキキャベツを煮出した汁
- 重層
- 酢
- レモン汁
- プラスチックコップ……3個
- 筆……3本

事前に準備しておくこと

- ムラサキキャベツを煮出した汁に画用紙を30分ほどつけ、よく染まったことを確認してから、乾かす。
- 水に溶いた重層、酢、レモン汁を、それぞれプラスチックコップに入れる。

つくりかた

1 ムラサキキャベツを煮出した汁で染めた画用紙をくばり、すきな汁で絵を描く。

2 それぞれの汁によって絵の色が違うことをたしかめる。

汁や筆はたくさん用意しておきましょう。汁ごとに机を分け、汁や筆が混ざらないようにします。

Point 44「ムラサキキャベツの変化」とあわせておこないましょう。描いた色が汁の色とは違うことに驚くでしょう。

参考文献リスト

それぞれの工作、科学遊びで参考にした本、会の当日は使っていないが参考になりそうな本について記した。著者名『書名』出版社、出版年、該当ページの順に記載した。著者名の前に★か●を付けてある。今回紹介したものと同じもの、もしくは近いものについては★とし、実施していることが似ていても、使っている材料が違うが参考になるものには●とした。

たとえば、1の【コロコロどうぶつ】は作成物をバックさせると前に進むものである。ねじれた輪ゴムがもとに戻る勢いで前に進む。山村紳一郎監修『小学生のくらべて発見！理科実験』、かざまりんぺい『科学遊び大図鑑』には★をつけた。前者は紙で作る車であり、後者は紙コップを使用しているが車輪の部分は粘土を使用している。両方とも本書で紹介したものと原理は同じであり材料の調達も容易である。

気になった本を図書館でぜひ手に取ってほしい。

1. コロコロどうぶつ

★山村紳一郎監修『小学生のくらべて発見！理科実験——3・4年生』数研出版、2015年、100-101ページ

★かざまりんぺい『科学遊び大図鑑——楽しく遊んで、ためになる！』主婦の友社、2011年、159-162ページ

●立花愛子／佐々木伸『ちょこっとできるびっくりあそび3——重さのふしぎあそび』偕成社、2015年、18-19ページ

●西博志、おもちゃ発案、塩見啓一監修、こばようこイラスト・おもちゃ制作『はじめての手づくり科学あそび1——ゴム・ばね・おもりであそぼ』アリス館、2014年、14-15ページ

●滝川洋二監修『動く！遊べる！小学生のおもしろ工作——飛ぶ！回る！走る！作って楽しい30テーマ　リサイクル工作・宿題にもバッチリ！』成美堂出版、2014年、70-73ページ

●寺西恵里子『身のまわりのもので作る工作おもちゃ』日東書院本社、2014年、113ページ

●立花愛子／佐々木伸『ちょこっとできるびっくり！工作——1 わゴムのふしぎ工作』偕成社、2013年、8-9ページ

●『学研の小学生の自由研究——科学編』改訂版、学研教育出版、2012年、91ページ

●成美堂出版編集部編『動く！遊べる！小学生のおもしろ工作eco編』成美堂出版、

参考文献リスト

2011年、56-59ページ
- きむらゆういち／みやもとえつよし『きむらゆういち・みやもとえつよしのガラクタ工作第7巻──プラ容器で遊ぼう』チャイルド本社、2009年、20-23ページ
- 竹井史郎『リサイクル工作ずかん──つくってあそぼう』小峰書店、1993年、57ページ
- すずお泰樹編著『紙のおもちゃランドスペシャルセレクション』いかだ社、2005年、58-59ページ

2. 風をあつめて

★ 東工大Science Techno、大竹尚登監修『東工大サイエンステクノの理系脳を育てる工作教室──自由研究にもぴったり！』主婦の友社、2016年、56-60ページ
- 西博志・おもちゃ発案、塩見啓一監修、こばようこイラスト・おもちゃ制作『はじめての手づくり科学あそび3──かぜ・くうき・みずであそぼ』アリス館、2015年、12-13ページ
- 『学研の小学生の自由研究──科学編』改訂版、学研教育出版、2012年、19ページ

3. パタパタどうぶつ

★ こどもくらぶ編『リサイクル工作であそぼう！手づくりおもちゃ200──1 うごかす』ポプラ社、2014年、12ページ
- 成美堂出版編集部編『小学生の自由工作パーフェクト高学年編──4・5・6年』成美堂、2016年、52-53ページ
- 久保田雅人、ヒダオサム造形アイデア『わくわくさんのこども工作──NHKつくってあそぼ』ブティック社、2015年、70-71ページ
- 立花愛子／佐々木伸『ちょこっとできるびっくり！工作──2 ストローのふしぎ工作』偕成社、2013年、26-27ページ
- 築地制作所編・著『かんたん！遊べる！ビックリ工作──すぐに作れて大満足』究所、2008年、53ページ
- 芳賀哲『ストローでカラクリ工作』誠文堂新光社、2000年、34-36ページ

4. ぎんいろのたまご

- 『実験おもしろ大百科』学研プラス、2013年、36-37ページ
★ 『キッチンでかんたん実験120──5 ペットボトル・紙コップの実験』学研教育出版、2010年、23-24ページ

5. おどるモール人間

★ E・リチャード・チャーチル／ルイス・V・ルーシニング／ミュリエル・マンデル『たのしい科学実験365日──夏休みなどの自由研究のヒントがいっぱい！』高橋啓訳、飛鳥新社、2010年、31ページ

★トモ・ヒコ『夏休みからくり自由工作』大和書房、2008年、86-87ページ

●ガリレオ工房編著『動く!光る!変化する!小学生の工作65』永岡書店、2008年、17-19ページ

●山崎健一『わくわく・びっくりサイエンス教室――小学校3年生』国土社、2004年、9ページ

6. ソーマトロープ

★高柳雄一監修、山村紳一郎指導『かがくあそび』フレーベル館、2012年、76-77ページ

●齋藤賢之輔『お手軽実験工作大作戦――エコノミー&エコロジー実験工作集』誠文堂新光社、2005年、23-24ページ

7. カラフルなコマ

★ガリレオ工房編著『小学生の夏休み自由研究』永岡書店、2017年、100-103ページ

★川村康文/東京理科大学川村研究室『やってみよう!理科の工作 小学生向け』エネルギーフォーラム、2016年、31-38ページ

★高見寿監修、おもしろ実験研究所編『おもしろ実験研究所』山陽新聞社、2016年、30-31ページ

★ガリレオ工房編著『小学生の夏休み自由研究ブック――自由研究のおもしろアイデア80テーマ』永岡書店、2016年、98-101ページ

★学研教育出版編『自由研究小学生――まとめ10分レポートつき おもしろ実験』学研教育出版、2015年、112ページ

★山村紳一郎監修『小学生のくらべて発見!理科実験――3・4年生』数研出版、2015年、110-111ページ

★阿部知子監修、「いつまでも子ども」の会編『遊べる工作大図鑑』日東書院本社、2013年、118-121ページ

★高柳雄一監修、山村紳一郎指導『かがくあそび』フレーベル館、2012年、74-75ページ

★佐野博志『すてずにあそぼうかんたん!手づくりおもちゃ』子どもの未来社、2011年、60ページ

★E・リチャード・チャーチル/ルイス・V・ルーシニング/ミュリエル・マンデル『たのしい科学実験365日――夏休みなどの自由研究のヒントがいっぱい!』高橋啓訳、飛鳥新社、2010年、35ページ

★山村紳一郎監修、小学館国語辞典編集部編集『発見いっぱいの理科実験――12才までにやってみよう』小学館、2008年、60-61ページ

★山崎健一『わくわく・びっくりサイエンス教室――小学校4年生』国土社、2004年、18-19ページ

★米村傳治郎監修、福田和弥/佐々木勝浩実験指導『NHKやってみようなんでも実験――第2集5 なぜ回る?コマの不思議・

参考文献リスト

- 手づくり時計をつくろう』理論社、1998年、10-13ページ
- 堀川真作『かんたん手づくりおうちでおもちゃ――あかちゃんとあそぼう』福音館書店、2010年、16-17ページ
- 米村でんじろう監修『でんじろう先生のカッコいい!科学おもちゃ』主婦と生活社、2009年、42-43ページ
- ガリレオ工房編著『動く!光る!変化する!小学生の工作65』永岡書店、2008年、90-93ページ
- 成井俊美作、三枝祥子絵『こままわるかな――親子でつくるこまの本』福音館書店、2008年
- ガリレオ工房編著『小学生の実験・観察・工作自由研究――科学チャレンジ編』永岡書店、2007年、106-109ページ
- 日本宇宙少年団監修『観察実験であそぼう!1――つくってあそべる実験編』汐文社、2005年、12-15ページ
- 成美堂出版編集部編『やってみよう!夏休みの自由研究――1・2年生』成美堂出版、2000年、66-67ページ

8. おきあがりこぼし

★ こどもくらぶ編『リサイクル工作であそぼう!手づくりおもちゃ200――1 うごかす』ポプラ社、2014年、8ページ
★ 竹井史郎『たのしい行事と工作――2 がつのこうさく』小峰書店、2000年、20ページ

- 成美堂出版編集部編『小学生の自由工作パーフェクト高学年編――4・5・6年』成美堂出版、2016年、74-75ページ
- 築地制作所著『頭と体をつかう「手作りおもちゃ」――室内でたっぷり遊べる!』究所、2013年、16-17ページ
- 左巻健男監修『できる!ふしぎ!楽しい自由研究と工作――3年生〜6年生向け』ブティック社、2009年、20-21ページ
- 米村でんじろう監修『でんじろう先生のカッコいい!科学おもちゃ』主婦と生活社、2009年、92-93ページ
- きむらゆういち作・構成『きむらゆういちのエコ工作えほん――1 ぎゅうにゅうパック・トイレットペーパーのしんでつくろう』ポプラ社、2009年、8-11ページ
- 松原巌樹『りかのこうさく2ねん』小峰書店、1980年、30-31ページ
- 竹井史郎『リサイクル工作ずかん――つくってあそぼう』小峰書店、1993年、34ページ
- すずお泰樹編著『紙のおもちゃランドスペシャルセレクション』いかだ社、2005年、62-63ページ
- 成美堂出版編集部編『やってみよう!夏休みの自由研究――1・2年生』成美堂出版、2005年、51ページ
- 『小学生のアイデア工作――リサイクル・ネイチャー素材で作る』学習研究社、2004年、17ページ
- 成美堂出版編集部編『小学生の自由研究

──1・2年生』成美堂出版、2003年、113ページ
- きむらゆういち作・構成『くまくんのがらくたあそび』ポプラ社、1999年、50-51ページ
- クロックワーク作、輪島正裕絵『工作百科──懐かしいものから新しいものまで身近な材料でつくる工作図鑑』ナツメ社、1990年、222-223ページ

9. パラシュート

★ ガリレオ工房編著『小学生の夏休み自由研究ブック──自由研究のおもしろアイデア80テーマ』永岡書店、2016年、28-29ページ

★ 学研教育出版編『自由研究小学生──まとめ10分レポートつき おもしろ実験』学研教育出版、2015年、10-15ページ

★ 塩見啓一監修／西博志・おもちゃ発案／こばようこイラスト・おもちゃ制作『はじめての手づくり科学あそび3──かぜ・くうき・みずであそぼ』アリス館、2015年、26-27ページ

★ 星こどもくらぶ編『リサイクル工作であそぼう!手づくりおもちゃ200──3 飛ばす』ポプラ社、2014年、34-45ページ

★ 阿部知子監修、「いつまでも子ども」の会編『遊べる工作大図鑑』日東書院本社、2013年、262-263ページ

★ 松原巖樹『りかのこうさく2ねん』小峰書店、1980年、14-17ページ

★ 菅原道彦『手づくりおもちゃ大図鑑』大月書店、2002年、60-61ページ
- ガリレオ工房編著『小学生の夏休み自由研究』永岡書店、2017年、88-90ページ
- 竹井史郎『新やさしいこうさく──7 ふくろでつくろう!』小峰書店、2015年、20ページ
- 竹井史郎『リサイクル工作ずかん──つくってあそぼう』小峰書店、2009年、74ページ
- 竹井史郎『11がつのこうさく』小峰書店、2000年、14-15ページ
- 竹井史郎『夏休みのかんたん工作』小峰書店、2000年、21ページ

10. スクラッチアート

★ 学研キッズネット編集部編『すぐできる!よくわかる!学研キッズネットの自由研究』学研教育出版デジタルコンテンツ制作室、2011年、114-115ページ

★ 久保田雅人、ヒダオサム造形アイデア『わくわくさんのこども工作──NHKつくってあそぼ』ブティック社、2015年、40ページ
- ノニノコ『はじめてのこうさくあそび』のら書店、2005年、8-9ページ

11. みんなでちぎってつくろう

- 羽場徳蔵『たのしい図画工作──16 ち

ぎり紙・きり紙・はり絵』国土社、2002年、2-3ページ

12. みんながアーティスト

- まるばやしさわこ『はじめてのこうさく』ポプラ社、2015年、22-25ページ
- ノニノコ『はじめてのこうさくあそび』のら書店、2005年、16ページ
- tupera tupera『tupera tuperaのわくわくワークショップ——みんなでたのしむ造形タイム』チャイルド本社、2013年、24-27ページ

13. カラフルなおめん

- ★池水宗太郎『だんボールばこで遊ぶくふう』誠文堂新光社、1990年、34-35ページ
- tupera tupera『tupera tuperaのわくわくワークショップ——みんなでたのしむ造形タイム』チャイルド本社、2013年、14-21ページ
- ドーリング・キンダースリー社編『だれでもアーティスト』結城昌子訳、岩波書店、2013年、18-21ページ
- きむらゆういち／みやもとえつよし『きむらゆういち・みやもとえつよしのガラクタ工作——第7巻 プラ容器で遊ぼう』チャイルド本社、2009年、70ページ
- tupera tupera作『つくってみよう!へんてこピープル——tupera tuperaの工作

BOOK』理論社、2007年、49ページ
- 松延博『お面をつくる』大月書店、1998年、10-13ページ
- 内藤英治『ダンボールで〈お面〉を作る——原寸図面つき』誠文堂新光社、1993年、18-22ページ

14. ひらべったいさかなつり
15. 立体さかなつり

- ★こどもくらぶ編『リサイクル工作であそぼう!手づくりおもちゃ200——4 水であそぶ』ポプラ社、2014年、18ページ
- ★渡辺俊夫／土井正光／こやまきょうへい『たのしいこうさくきょうしつ1』さ・え・ら書房、2002年、12-13ページ
- ★横山正監修『授業がわかる!理科実験シリーズ1——3年生の理科実験』ポプラ社、2005年、34-35ページ
- 学研教育出版編『自由研究小学生——まとめ10分レポートつき おもしろ実験』学研教育出版、2015年、86-89ページ
- 竹井史郎『新やさしいこうさく——7 ふくろでつくろう!』小峰書店、2015年、14ページ
- 久保田雅人、ヒダオサム造形アイデア『わくわくさんのこども工作——NHKつくってあそぼ』ブティック社、2015年、48ページ
- 滝川洋二監修『動く!遊べる!小学生のおもしろ工作——飛ぶ!回る!走る!作って楽しい30テーマ リサイクル工作・宿題に

103

もバッチリ!』成美堂出版、2014年、100-103ページ
- いしかわまりこ『たのしい!てづくりおもちゃ』ポプラ社、2013年、8ページ
- 築地制作所編著『頭と体をつかう「手作りおもちゃ」――室内でたっぷり遊べる!』究所、2013年、66-67ページ
- 堀川真作『かんたん手づくりおうちでおもちゃ――あかちゃんとあそぼう』福音館書店、2010年、51ページ
- きむらゆういち／みやもとえつよし『きむらゆういち・みやもとえつよしのガラクタ工作――第7巻 プラ容器で遊ぼう』チャイルド本社、2009年、58ページ
- くるくるリサイクル工作研究会著『自由研究にも使える!ペットボトル・牛乳パックでかんたん工作』メイツ出版、2009年、34-35ページ
- いまいみさ、もうりみき絵『てづくりおもちゃの本――2 こどもがほんとによろこんだ!』毎日新聞社、2004年、4-5ページ
- 松原巌樹『りかのこうさく1ねん』小峰書店、2002年、62-63ページ
- 成美堂出版編集部編『やってみよう!夏休みの自由研究――1・2年生』成美堂出版、2000年、33ページ

16. かえる ぴょーん

★ 米村でんじろう監修『でんじろう先生の学校の理科がぐんぐんわかるおもしろ実験――自由研究のアイデアがいっぱい!』主婦と生活社、2015年、52-53ページ
★ 竹井史郎『新やさしいこうさく――2 ぎゅうにゅうパックでつくろう!』小峰書店、2015年、24ページ
★ 築地制作所編著『頭と体をつかう「手作りおもちゃ」――室内でたっぷり遊べる!』究所、2013年、10-11ページ
★ 立花愛子／佐々木伸『ちょこっとできるびっくり!工作――1 ワゴムのふしぎ工作』偕成社、2013年、17ページ
★ 『学研の小学生の自由研究――科学編』改訂版、学研教育出版、2012年、92ページ
★ 高柳雄一監修、山村紳一郎指導『かがくあそび』フレーベル館、2012年、108-109ページ
★ すずお泰樹編著『紙のおもちゃランドスペシャルセレクション』いかだ社、2005年、24-25ページ
★ 成美堂出版編集部編『やってみよう!夏休みの自由研究――1・2年生』成美堂出版、2005年、52ページ
- こどもくらぶ編『リサイクル工作であそぼう!手づくりおもちゃ200――3 飛ばす』ポプラ社、2014年、14ページ
- 戸田盛和文、村井宗二絵『しかけおもちゃであそぼう』岩波書店、1997年、18-21ページ

17. へび ぴょーん

参考文献リスト

- ★こどもくらぶ編『リサイクル工作であそぼう!手づくりおもちゃ200——3 飛ばす』ポプラ社、2014年、15ページ
- ★立花愛子／佐々木伸『ちょこっとできるびっくり!工作——1 ワゴムのふしぎ工作』偕成社、2013年、18-19ページ
- ●滝川洋二監修『動く!遊べる!小学生のおもしろ工作——飛ぶ!回る!走る!作って楽しい30テーマ　リサイクル工作・宿題にもバッチリ!』成美堂出版、2014年、74-77ページ
- ●『実験おもしろ大百科』学研教育出版、2013年、84-85ページ
- ●高柳雄一監修、山村紳一郎指導『かがくあそび』フレーベル館、2012年、108-109ページ
- ●立花愛子／佐々木伸『つくって遊ぼう!ちょっとの時間でできるかんたんおもしろ工作　1・2・3年生』メイツ出版、2007年、38-41ページ
- ●立花愛子／佐々木伸『あそべるアイディア工作　親子で作る!』ナツメ社、2005年、24-25ページ

18. ダンボール空気砲

- ★藤嶋昭監修『なぜ?の図鑑科学マジック』学研プラス、2017年、26-27ページ
- ★高見寿監修、おもしろ実験研究所編『おもしろ実験研究所』山陽新聞社、2016年、122-123ページ
- ★米村でんじろう監修『でんじろう先生の学校の理科がぐんぐんわかるおもしろ実験——自由研究のアイデアがいっぱい!』主婦と生活社、2015年、38-39ページ
- ★成美堂出版編集部編『小学生の自由研究パーフェクト——3・4年生』成美堂出版、2014年、24-25ページ
- ★米村でんじろう監修『ギモンかいけつ!でんじろう先生の実験教室』文化学園文化出版局、2012年、16-17ページ
- ★米村でんじろう監修『でんじろう先生のわくわく!自由研究』主婦と生活社、2010年、44-45ページ
- ★成美堂出版編集部編『小学校5年生の自由研究』成美堂出版、2007年、8-9ページ
- ★米村でんじろう監修『すごい!うちでもこんな実験ができるんだ!!』主婦と生活社、2006年、18-19ページ
- ●西博志・おもちゃ発案、塩見啓一監修、こばようこイラスト・おもちゃ制作『はじめての手づくり科学あそび3——かぜ・くうき・みずであそぼ』アリス館、2015年、32-34ページ
- ●山村紳一郎監修『小学生のくらべて発見!理科実験——5・6年生』数研出版、2015年、42-44ページ
- ●陰山英男監修『辞書びきえほん科学のふしぎ』ひかりのくに、2011年、74-75ページ
- ●米村でんじろう監修『でんじろう先生のカッコいい!科学おもちゃ』主婦と生活社、2009年、4-5ページ

- 左巻健男監修『できる!ふしぎ!楽しい自由研究と工作——3年生～6年生向け』ブティック社、2009年、88-89ページ
- 米村でんじろう監修、大矢正和漫画『米村でんじろうのDVDでわかるおもしろ実験!!』講談社、2009年、34-37ページ
- 『ふしぎ!かんたん!科学マジック——2 空気と水のマジック』学研、2004年、16-19ページ
- 緒方康重／立花愛子／佐々木伸『親子で楽しむ手作り科学おもちゃ』主婦と生活社、2004年、34-37ページ
- 金子美智雄監修『未来のニュートンを育てるびっくり理科手品』小学館、2003年、20-21ページ

19. ロケット発射

★ 藤嶋昭監修『なぜ?の図鑑科学マジック』学研プラス、2017年、27ページ
★ 竹井史郎『新やさしいこうさく——6 ダンボールばこでつくろう!』小峰書店、2015年、18ページ

20. ペットボトル空気砲

★ 高見寿監修、おもしろ実験研究所編『おもしろ実験研究所』山陽新聞社、2016年、138-139ページ
★ 学研教育出版編『自由研究小学生——まとめ10分レポートつき おもしろ実験』学研教育出版、2015年、74-77ページ
★ 成美堂出版編集部編『小学生の自由研究パーフェクト——3・4年生』成美堂出版、2014年、68-69ページ
★ こどもくらぶ編『リサイクル工作であそぼう!手づくりおもちゃ200——3 飛ばす』ポプラ社、2014年、26-27ページ
★ 米村でんじろう監修『すごい!うちでもこんな実験ができるんだ!!』主婦と生活社、2006年、18-19ページ
★ 田中玄伯監修『つくってまなぼう!理科のマジック』教育画劇、2006年、44-45ページ
★ 滝川洋二監修『ペットボトルで作る、調べるなるほど自由研究——楽しくて、ためになるおもしろくて不思議な実験工作38テーマ』成美堂出版、2005年、36-37ページ
- 『あそべるつかえる小学生のヒラメキ工作』日本ヴォーグ社、2013年、10-13ページ
- 『科学の実験』学研、2009年、91ページ
- 福井広和著『はじめてのおもしろ理科実験&工作』主婦の友社、2005年、72-73ページ

21. ドングリのあそびかた

★ こどもくらぶ作・編『リサイクル工作であそぼう!手づくりおもちゃ200——7 自然であそぶ』ポプラ社、2014年、9ページ
★ 竹井史郎作、笹沼香絵『あきのあそび』岩崎書店、2010年、9ページ

参考文献リスト

★岩藤しおい／岩槻秀明『どんぐりハンドブック』いかだ社、2008年、36-37ページ

★岩藤しおい『森の工作図鑑vol.1──どんぐり・まつぼっくり』いかだ社、2006年、48-49ページ

★松原巖樹『りかのこうさく──1ねん』小峰書店、2002年、38-41ページ

★『アウトドア工作図鑑──自然で創る宝物』家の光協会、1996年、98-99ページ

22. クリスマスのくつした

●寺西恵里子作『おりがみ12か月──4 ふゆ』汐文社、2012年、30-31ページ

●丹羽兒子、山梨明子監修『遊ぶ・かざる・使うデザイン折り紙──4 四季の折り紙』学研教育出版、2006年、46-47ページ

23. 浮かぶ玉

★竹井史郎『新やさしいこうさく──8 ストローでつくろう!』小峰書店、2015年、18ページ

★滝川洋二監修『動く!遊べる!小学生のおもしろ工作──飛ぶ!回る!走る!作って楽しい30テーマ リサイクル工作・宿題にもバッチリ!』成美堂出版、2014年、18-19ページ

★立花愛子／佐々木伸『ちょこっとできるびっくり!工作──2 ストローのふしぎ工作』偕成社、2013年、10-11ページ

★高柳雄一監修、山村紳一郎指導『かがくあそび』フレーベル館、2012年、63ページ

★有木昭久作、新開孝写真『親子でたのしむストロー工作』福音館書店、2003年、8-9ページ

●竹井史郎『リサイクル工作ずかん──つくってあそぼう』小峰書店、2009年、85ページ

●滝川洋二監修『動く!遊べる!小学生のおもしろ工作』成美堂出版、2006年、20-21ページ

●竹井史郎『9がつのこうさく』小峰書店、2001年、31ページ

●成美堂出版編集部編『やってみよう!夏休みの自由研究──1・2年生』成美堂出版、2000年、4-5ページ

●高梨賢英、さとう智子絵『砂糖と塩の実験』さ・え・ら書房、1997年、21-24ページ

24. ストローのちから

★E・リチャード・チャーチル／ルイス・V・ルーシニング／ミュリエル・マンデル『たのしい科学実験365日──夏休みなどの自由研究のヒントがいっぱい!』高橋啓訳、飛鳥新社、2010年、23ページ

25. 落ちない水

- ★藤嶋昭監修『なぜ?の図鑑科学マジック』学研プラス、2017年、68-69ページ
- ★甲谷保和『キッチンとお風呂でできる!小学生のおもしろ科学実験』実業之日本社、2010年、12-13ページ
- ★『小学生の100円ショップ大実験 100円グッズでアイデア科学実験』学研、2006年、42-43ページ
- ●『発展学習・自由研究アイデア101 2理科〈実験と工作〉』学研、2005年、32ページ

26. きれいに落ちるのはどれだ?

- ★立花愛子／佐々木伸『ちょこっとできるびっくりあそび2 空気のふしぎあそび』偕成社、2015年、7ページ
- ★成美堂出版編集部編『小学生の自由研究パーフェクト 3.4年生』成美堂出版、2014年、21ページ
- ★『科学の実験』学研、2009年、122-123ページ
- ★ヒダオサムさく『紙でつくってあそぼう』大日本図書、2000年、4-7ページ
- ★ガリレオ工房編著『動く!光る!変化する!小学生の工作65』永岡書店、2008年、132ページ
- ★かざまりんぺい／えびなみつる『作ろう遊ぼう工作王──1 飛ばせ!』旬報社、2005年、2ページ

★成美堂出版編集部編『やってみよう!夏休みの自由研究──3・4年生』成美堂出版、2006年、13ページ
- ●高柳雄一監修、山村紳一郎指導『かがくあそび』フレーベル館、2012年、64-65ページ
- ●高木隆司著『理科をアートしよう』岩波書店、2006年、186-202ページ

27. かっこよく着地

- ★藤嶋昭監修『なぜ?の図鑑科学マジック』学研プラス、2017年、24-25ページ
- ★こどもくらぶ編『リサイクル工作であそぼう!手づくりおもちゃ200──3 飛ばす』ポプラ社、2014年、13ページ
- ★『実験おもしろ大百科』学研教育出版、2013年、102ページ
- ★ヒダオサムさく『紙でつくってあそぼう』大日本図書、2000年、20-21ページ
- ★猪原通正、井出圭祐イラスト『牛乳パックであそぼう』草土文化、1993年、10-11ページ

28. 浮かびあがる絵

- ★稲村八大『親子で遊ぶおもしろ科学手品』ハローケイエンターテインメント、2012年、120-121ページ
- ★山村紳一郎監修、小学館国語辞典編集部編集『かんたんワクワク理科あそび──10才までにやってみよう』小学館、2008

参考文献リスト

年、20ページ

2009年、8-11ページ

29. ひみつの手紙

★藤嶋昭監修『なぜ?の図鑑科学マジック』学研プラス、2017年、28-29ページ

★庄司タカヒト、YOHEY監修『演じて楽しい科学マジック』日経B、2014年、54-55ページ

★稲村八大『親子で遊ぶおもしろ科学手品』ハローケイエンターテインメント、2012年、106-107ページ

★滝川洋二監修『調べ学習・自由研究に役立つ理科の実験まるわかりBOOK』成美堂出版、2005年、8-9ページ

★『ふしぎ!かんたん!科学マジック3』学研教育出版、2004年、16-17ページ

30. 空気と水をつかまえよう

★E・リチャード・チャーチル／ルイス・V・ルーシニング／ミュリエル・マンデル『たのしい科学実験365日——夏休みなどの自由研究のヒントがいっぱい!』高橋啓訳、飛鳥新社、2010年、27ページ

★『ふしぎ!かんたん!科学マジック——2 空気と水のマジック』学研、2004年、11ページ

●ワン・ステップ編『実験クイズ』金の星社、2012年、75-76ページ

●『ふしぎ!かんたん!科学マジック——2 空気と水のマジック』学研教育出版、

31. 紙の舟

★ロバート・ウィンストン『科学の実験大図鑑』西川由紀子訳、新星出版社、2017年、104-107ページ

★東工大Science Techno、大竹尚登監修『東工大サイエンステクノの理系脳を育てる工作教室』主婦の友社、2016年、44-45ページ

★『科学おもしろクイズ図鑑』学研教育出版、2015年、73ページ

★かざまりんぺい『科学遊び大図鑑』主婦の友社、2011年、55-58ページ

★小森栄治監修『科学者を目指したくなる!おもしろ科学実験&知識ブック——1巻 暮らしのしくみがわかるなるほど!科学実験ブック』教育画劇、2011年、18-23ページ

★キッズ科学ラボ『親子で挑戦!理科が大好きになるおもしろ科学実験』メイツ出版、2010年、36-37ページ

★E・リチャード・チャーチル／ルイス・V・ルーシニング／ミュリエル・マンデル『たのしい科学実験365日——夏休みなどの自由研究のヒントがいっぱい!』高橋啓訳、飛鳥新社、2010年、72ページ

★藤嶋昭監修『なぜ?の図鑑科学マジック』学研プラス、2017年、76-77ページ

●稲村八大『親子で遊ぶおもしろ科学手品』ハローケイエンターテインメント、2012

年、92-93ページ
- 堀川真作『**かんたん手づくりおうちでおもちゃ――あかちゃんとあそぼう**』福音館書店、2010年、51ページ
- 日本宇宙少年団監修『**観察実験であそぼう!――3 科学パワーで実験編**』汐文社、2005年、4-7ページ
- 山崎健一『**わくわく自由研究工作・観察・実験ブック2**』国土社、2005年、33-34ページ
- 金子美智雄監修『**未来のニュートンを育てるびっくり理科手品**』小学館、2003年、30-31ページ
- 成美堂出版編集部編『**やってみよう!夏休みの自由研究――1・2年生**』成美堂出版、2000年、61ページ

32. 浮かぶたまご

- ★ 藤嶋昭監修『**なぜ?の図鑑科学マジック**』学研プラス、2017年、76-77ページ
- ★ 松延康『**松延康の理科実験ブック**』実務教育出版、2015年、73ページ
- ★ 陰山英男監修『**辞書びきえほん科学のふしぎ**』ひかりのくに、2011年、37ページ
- ★ E・リチャード・チャーチル/ルイス・V・ルーシニング/ミュリエル・マンデル『**たのしい科学実験365日――夏休みなどの自由研究のヒントがいっぱい!**』高橋啓訳、飛鳥新社、2010年、50ページ
- ★『**小学生のキッチンでかんたん実験60**』

学研教育出版、2007年、63-64ページ
- ★ 田中玄伯監修『**つくってまなぼう!理科のマジック――楽しい実験レシピ!**』教育画劇、2006年、30-33ページ
- ★ 牧衷構成・文、関戸勇写真『**みんなで実験楽しく科学あそび――8 うかせてあそぼう**』偕成社、2006年、4-5ページ
- ★ 米村でんじろう監修『**すごい!うちでもこんな実験ができるんだ!!**』主婦と生活社、2006年、100-101ページ
- ★ 成美堂出版編集部編『**やってみよう!夏休みの自由研究――1・2年生**』成美堂出版、2005年、6ページ
- 学研キッズネット編集部編『**すぐできる!よくわかる!学研キッズネットの自由研究**』学研教育出版デジタルコンテンツ制作室、2011年、28-30ページ
- 金子美智雄監修『**未来のニュートンを育てるびっくり理科手品**』小学館、2003年、62-63ページ
- 成美堂出版編集部編『**小学生の自由研究――1・2年生**』成美堂出版、2003年、26-28ページ

33. 浮かぶ一円玉

- ★ 山村紳一郎監修『**小学生のくらべて発見!理科実験――3・4年生**』数研出版、2015年、14-16ページ
- ★ 成美堂出版編集部編『**小学生の自由研究パーフェクト――1・2年生**』成美堂出版、2015年、34-36ページ

参考文献リスト

★東京理科大学川村研究室編著、川村康文監修『東京理科大生による小学生のおもしろ理科実験』メイツ出版、2015年、44-45ページ

★米村でんじろう監修『ギモンかいけつ!でんじろう先生の実験教室』文化学園文化出版局、2012年、36-37ページ

★日本分析化学専門学校『遊んで賢くなるおもしろ実験ブック』究所、2009年、20-23ページ

★ガリレオ工房編著『小学生の実験・観察・工作自由研究――科学チャレンジ編』永岡書店、2007年、144ページ

★牧衷構成・文、関戸勇写真『みんなで実験楽しく科学あそび8』偕成社、2006年、12-13ページ

★緒方康重／立花愛子／佐々木伸『親子で楽しむ手作り科学おもちゃ』主婦と生活社、2004年、48ページ

●藤嶋昭監修『なぜ?の図鑑科学マジック』学研プラス、2017年、44-45ページ

●『学研の小学生の自由研究――科学編』改訂版、学研教育出版、2012年、17-18ページ

●稲村八大『親子で遊ぶおもしろ科学手品』ハローケイエンターテインメント、2012年、40-41ページ

●ガリレオ工房指導・監修、伊知地国夫ほか写真『科学の実験――あそび・工作・手品』小学館、2009年、80-81ページ

●ガリレオ工房編著『小学生の実験・観察・工作自由研究――科学チャレンジ編』永岡書店、2007年、26-27ページ

●田中玄伯監修『つくってまなぼう!理科のマジック――楽しい実験レシピ!』教育画劇、2006年、18-21ページ

●山崎健一『わくわく自由研究工作・観察・実験ブック2』国土社、2005年、36-37ページ

●『発展学習・自由研究アイデア101――2理科〈実験と工作〉』学研、2005年、32-33ページ

●山崎健一『わくわく・びっくりサイエンス教室――小学校3年生』国土社、2004年、38-39ページ

●金子美智雄監修『未来のニュートンを育てるびっくり理科手品』小学館、2003年、26-27ページ

●成美堂出版編集部編『やってみよう!夏休みの自由研究――1・2年生』成美堂出版、2000年、36-38ページ

●聖忍『あそびながら覚えるおもしろ科学マジック』海苑社、1991年、56-59ページ

34. こぼれるまであといくつ?

★山村紳一郎監修『小学生のくらべて発見!理科実験――3・4年生』数研出版、2015年、17ページ

★『学研の小学生の自由研究――科学編』改訂版、学研教育出版、2012年、17-19ページ

★米村でんじろう監修『でんじろう先生の

111

わくわく!自由研究』主婦と生活社、2010年、12-13ページ
★『ニューワイド学研の図鑑——実験・自由研究』学研、2001年、96-97ページ

35. 色水タワー

★ロバート・ウィンストン『科学の実験大図鑑』西川由紀子訳、新星出版社、2017年、94-97ページ
★ガリレオ工房編著『小学生の夏休み自由研究ブック——自由研究のおもしろアイデア80テーマ』永岡書店、2016年、42-44ページ
★松延康『松延康の理科実験ブック』実務教育出版、2015年、72ページ
★『ニューワイド学研の図鑑——実験・自由研究』学研、2001年、101ページ
●ガリレオ工房編著『小学生の夏休み自由研究』永岡書店、2017年、35-37ページ
●左巻健男編著『食べ物実験レシピ』文一総合出版、2010年、74ページ
●ガリレオ工房指導・監修、伊知地国夫ほか写真『科学の実験——あそび・工作・手品』小学館、2009年、128ページ
●山村紳一郎監修、小学館国語辞典編集部編集『発見いっぱいの理科実験——12才までにやってみよう』小学館、2008年、103-104ページ
●滝川洋二監修『調べ学習・自由研究に役立つ理科の実験まるわかりBOOK』成美堂出版、2005年、8-9ページ
●緒方康重／立花愛子／佐々木伸『親子で楽しむ手作り科学おもちゃ』主婦と生活社、2004年、40-41ページ

36. くっつくのはどれだ?

★米村でんじろう監修『でんじろう先生の学校の理科がぐんぐんわかるおもしろ実験——自由研究のアイデアがいっぱい!』主婦と生活社、2015年、56-57ページ
★成美堂出版編集部編『小学生の自由研究パーフェクト——1・2年生』成美堂出版、2015年、24ページ
★ワン・ステップ編『実験クイズ』金の星社、2012年、11-12ページ
★ガリレオ工房指導・監修、伊知地国夫ほか写真『科学の実験——あそび・工作・手品』小学館、2009年、102-103ページ
★成美堂出版編集部編『小学生の自由研究——1・2年生 はっけんがいっぱい!』成美堂出版、2008年、44-46ページ
★横山正監修『授業がわかる!理科実験シリーズ——1 3年生の理科実験』ポプラ社、2005年、34-35ページ
★山崎健一『わくわく・びっくりサイエンス教室——小学校3年生』国土社、2004年、6-7ページ
★成美堂出版編集部編『小学生の自由研究——1・2年生』成美堂出版、2003年、10-11ページ

参考文献リスト

★成美堂出版編集部編『やってみよう!夏休みの自由研究——1・2年生』成美堂出版、2000年、32ページ

37. もしもしの前に

★高見寿監修、おもしろ実験研究所編『おもしろ実験研究所』山陽新聞社、2016年、118-119ページ

★こどもくらぶ作・編『リサイクル工作であそぼう!手づくりおもちゃ200——5 音をだす』ポプラ社、2014年、11ページ

●立花愛子／佐々木伸『つくって遊ぼう!ちょっとの時間でできるかんたんおもしろ工作——1・2・3年生』メイツ出版、2007年、28-31ページ

38. よく聞こえるのはどれだ?

★竹井史郎『新やさしいこうさく——4 紙コップでつくろう!』小峰書店、2015年、20-21ページ

★工作・実験工房『100円グッズで不思議!面白い! 実験編——自由研究にもピッタリ!』理論社、2014年、14-15ページ

★小森栄治監修『科学者を目指したくなる!おもしろ科学実験&知識ブック——1巻 暮らしのしくみがわかるなるほど!科学実験ブック』教育画劇、2011年、36-37ページ

●成美堂出版編集部編『小学生の自由研究パーフェクト——1・2年生』成美堂出版、2015年、8-10ページ

●東京理科大学川村研究室編著、川村康文監修『東京理科大生による小学生のおもしろ理科実験』メイツ出版、2015年、24-25ページ

●西博志・おもちゃ発案、塩見啓一監修、こばようこイラスト・おもちゃ制作『はじめての手づくり科学あそび——2 ひかり・かげ・おとであそぼ』アリス館、2014年、38-41ページ

●こどもくらぶ作・編『リサイクル工作であそぼう!手づくりおもちゃ200——5 音をだす』ポプラ社、2014年、10ページ

●成美堂出版編集部編『楽しく実験・工作 小学生の自由研究低学年編——1・2・3年』成美堂出版、2011年、14-17ページ

●竹井史郎『リサイクル工作ずかん——つくってあそぼう』小峰書店、2009年、54ページ

●ガリレオ工房指導・監修、伊知地国夫ほか写真『科学の実験——あそび・工作・手品』小学館、2009年、40ページ

●『科学の実験』学研、2009年、112-113ページ

●山村紳一郎監修、小学館国語辞典編集部編集『かんたんワクワク理科あそび——10才までにやってみよう』小学館、2008年、66ページ

●成美堂出版編集部編『やってみよう!夏休

みの自由研究──3・4年生』成美堂出版、2006年、8-11ページ
- 齋藤賢之輔『お手軽実験工作大作戦　エコノミー&エコロジー実験工作集』誠文堂新光社、2005年、16-17ページ
- 山崎健一『わくわく・びっくりサイエンス教室──小学校3年生』国土社、2004年、40-41ページ

39. 遠くても聞こえる?

- ★山村紳一郎監修、小学館国語辞典編集部編集『かんたんワクワク理科あそび──10才までにやってみよう』小学館、2008年、60-62ページ
- ★松原巖樹『りかのこうさく2ねん』小峰書店、1980年、54-55ページ
- 高柳雄一監修、山村紳一郎指導『かがくあそび』フレーベル館、2012年、81ページ
- ガリレオ工房編著『動く!光る!変化する!小学生の工作65』永岡書店、2008年、136ページ
- 滝川洋二監修『ペットボトルで作る、調べるなるほど自由研究──楽しくて、ためになるおもしろくて不思議な実験工作38テーマ』成美堂出版、2005年、36-37ページ

40. 果物、うくかな? しずむかな?

- ★米村でんじろう監修『でんじろう先生のわくわく!自由研究』主婦と生活社、2010年、20-21ページ
- ★『キッチンでかんたん実験120──2』学研教育出版、2010年、6-10ページ
- ★『ニューワイド学研の図鑑──実験・自由研究』学研、2001年、103ページ
- 東京理科大学川村研究室編著、川村康文監修『東京理科大生による小学生のおもしろ理科実験』メイツ出版、2015年、12-13ページ
- 緒方康重／立花愛子／佐々木伸『親子で楽しむ手作り科学おもちゃ』主婦と生活社、2004年、42-43ページ

41. 野菜、うくかな? しずむかな?

- ★山村 紳一郎監修『小学生のくらべて発見!理科実験──3・4年生』数研出版、2015年、26-29ページ
- ★松延康『松延康の理科実験ブック』実務教育出版、2015年、70-71ページ
- ★立花愛子／佐々木伸『ちょこっとできるびっくりあそび──1 水のふしぎあそび』偕成社、2015年、22-23ページ
- ★東京理科大学川村研究室編著、川村康文監修『東京理科大生による小学生のおもしろ理科実験』メイツ出版、2015年、12-13ページ
- ★『実験おもしろ大百科』学研教育出版、2013年、52-53ページ
- ★『学研の小学生の自由研究──科学編』改訂版、学研教育出版、2012年、12-13

参考文献リスト

ページ

★陰山英男監修『辞書びきえほん科学のふしぎ』ひかりのくに、2011年、27ページ

★キッズ科学ラボ著『親子で挑戦!理科が大好きになるおもしろ科学実験』メイツ出版、2010年、6-7ページ

★『科学の実験』学研、2009年、86-87ページ

★『ニューワイド学研の図鑑——実験・自由研究』学研、2001年、102ページ

●成美堂出版編集部編『小学生の自由研究——1・2年生 はっけんがいっぱい!』成美堂出版、2011年、34-37ページ

●米村でんじろう監修『でんじろう先生のわくわく!自由研究』主婦と生活社、2010年、20-21ページ

●左巻健男編著『食べ物実験レシピ』文一総合出版、2010年、75ページ

●緒方康重／立花愛子／佐々木伸『親子で楽しむ手作り科学おもちゃ——不思議な実験、アイデアあふれる工作がいっぱい!』主婦と生活社、2004年、42-43ページ

●成美堂出版編集部編『小学生の自由研究——1・2年生』成美堂出版、2003年、28-29ページ

●成美堂出版編集部編『やってみよう!夏休みの自由研究——1・2年生』成美堂出版、2000年、4-5ページ

★藤嶋昭監修『なぜ?の図鑑科学マジック』学研プラス、2017年、54-55ページ

★山村紳一郎『身近なものでふしぎな科学実験——「なぜこうなるの?」驚きの理科の法則が見えてくる!』誠文堂新光社、2016年、32-35ページ

★学研教育出版編『自由研究小学生——まとめ10分レポートつき おもしろ実験』学研教育出版、2015年、112ページ

★山村紳一郎監修『小学生のくらべて発見!理科実験——5・6年生』数研出版、2015年、14-18ページ

★東京理科大学川村研究室編著、川村康文監修『東京理科大生による小学生のおもしろ理科実験』メイツ出版、2015年、48-49ページ

★松延康『松延康の理科実験ブック』実務教育出版、2015年、118-119ページ

★青野裕幸『100円ショップでわくわく科学実験』図書館版、いかだ社、2015年、36-37ページ

★『科学おもしろクイズ図鑑』学研教育出版、2015年、72ページ

★工作・実験工房『100円グッズで不思議!面白い!——実験 自由研究にもピッタリ!』理論社、2014年、8-9ページ

★成美堂出版編集部編『小学生の自由研究パーフェクト——3・4年生』成美堂出版、2014年、12-13ページ

★『学研の小学生の自由研究——科学編』改訂版、学研教育出版、2012年、32-33

42. サインペンはなにいろ?

ページ
- ★学研キッズネット編集部編『すぐできる！よくわかる！学研キッズネットの自由研究』学研教育出版デジタルコンテンツ制作室、2011年、11-13ページ
- ★成美堂出版編集部編『楽しく実験・工作 小学生の自由研究低学年編――1・2・3年』成美堂出版、2011年、6-9ページ
- ★日本分析化学専門学校『遊んで賢くなるおもしろ実験ブック』究所、2009年、72-75ページ
- ★『科学の実験』学研、2009年、83ページ
- ★成美堂出版編集部編『小学校6年生の自由研究』成美堂出版、2007年、32-35ページ
- ★『小学生の100円ショップ大実験――100円グッズでアイデア科学実験』学研、2006年、60-61ページ
- ●E・リチャード・チャーチル／ルイス・V・ルーシニング／ミュリエル・マンデル『たのしい科学実験365日――夏休みなどの自由研究のヒントがいっぱい！』高橋啓訳、飛鳥新社、2010年、280ページ
- ●山村紳一郎監修、小学館国語辞典編集部編集『発見いっぱいの理科実験――12才までにやってみよう』小学館、2008年、105-106ページ

43. サインペンの花

- ★松延康『松延康の理科実験ブック』実務教育出版、2015年、116-117ページ
- ★立花愛子／佐々木伸『ちょこっとできるびっくりあそび1』偕成社、2015年、26-27ページ
- ★成美堂出版編集部編『小学生の自由研究パーフェクト――3・4年生』成美堂出版、2014年、14-15ページ
- ★『科学の実験』学研、2009年、82ページ
- ★米村でんじろう監修『でんじろう先生の超ウケる実験ルーム』主婦と生活社、2008年、48-49ページ
- ★立花愛子／佐々木伸『つくって遊ぼう！ちょっとの時間でできるかんたんおもしろ工作――4・5・6年生』メイツ出版、2007年、83-85ページ

44. ムラサキキャベツの変化

- ★高見寿監修、おもしろ実験研究所編『おもしろ実験研究所』山陽新聞社、2016年、46-47、86-87ページ
- ★高柳雄一監修、山村紳一郎指導『かがくあそび』フレーベル館、2012年、50-51ページ
- ★『発展学習・自由研究アイデア101――2理科〈実験と工作〉』学研、2005年、22ページ
- ●『科学おもしろクイズ図鑑』学研教育出版、2015年、74-75ページ
- ●成美堂出版編集部編『小学生の自由研究パーフェクト――1・2年生』成美堂出版、2015年、12-13ページ
- ●滝川洋二監修『動く！遊べる！小学生のお

しい30テーマ　リサイクル工作・宿題にもバッチリ!』成美堂出版、2014年、48-49ページ
- ●小森栄治監修『科学者を目指したくなる!おもしろ科学実験&知識ブック2』教育画劇、2011年、24-25ページ
- ●金子美智雄監修『未来のニュートンを育てるびっくり理科手品』小学館、2003年、68-69ページ
- ●成美堂出版編集部編『やってみよう!夏休みの自由研究──1・2年生』成美堂出版、2000年、10ページ

45. ムラサキキャベツに絵を描こう

- ★『科学の実験』学研、2009年、78-79ページ
- ●高見寿監修、おもしろ実験研究所編『おもしろ実験研究所』山陽新聞社、2016年、86-87ページ
- ●成美堂出版編集部編『小学生の自由研究パーフェクト──1・2年生』成美堂出版、2014年、15ページ
- ●高柳雄一監修、山村紳一郎指導『かがくあそび』フレーベル館、2012年、51ページ
- ●小森栄治監修『科学者を目指したくなる!おもしろ科学実験&知識ブック2』教育画劇、2011年、24-25ページ
- ●成美堂出版編集部編『やってみよう!夏休みの自由研究──1・2年生』成美堂出版、

2000年、11ページ

絵本のリスト

　それぞれの工作、科学遊びに沿って、関連する絵本をあつめた。掲載順は関連の深さなどによる。本書にある工作、科学遊びをおこなうときには、このリストからいくつかを手に取って読んでみてほしい。

　たとえば、「ストローのちから」の場合、ストローを使ったモノの移動の実験のあとで、重いもの、大きなものを運ぶ方法について書いてある本として『はこぶ　五感のえほん…………10』を紹介する。また『ガリバーの冒険』から、ガリバーの運ばれかたについて話をしたり、『ライオンのおもさ　はかれる？』『おうさまのおひっこし』『あ あ』から関係する部分を紹介する。

　工作の方法、実験の原理について書いてある資料は別に「参考文献リスト」にまとめた。

1. コロコロどうぶつ

- 『きょうりゅう きょうりゅう』バイロン・バートンさく・え、なかがわちひろやく、徳間書店、2000年
- 『きょうりゅうのかいかた』くさのだいすけぶん、やぶうちまさゆきえ、岩波書店、1983年
- 『ミニ・サウルス　ズィンクレア・ゾフォクレス』フリーデリーケ・マイレッカー作、アンゲーリカ・カウフマン絵、三浦美紀子訳、草土文化、2008年
- 『きょうりゅうたち』ペギー・パリッシュ文、アーノルド・ローベル絵、杉浦宏訳編、文化出版局、1976年
- 『ねむいねむいねずみ』佐々木マキ、究所、1979年
- 『ねずみじょうど』瀬田貞二再話、丸木位里画、福音館書店、1971年
- 『ねずみのすもう』神沢利子・文、赤羽末吉・絵、偕成社、1983年
- 『ツェねずみ』宮沢賢治・作、石井聖岳・絵、三起商行、2009年

2. 風をあつめて

- 『ジルベルトとかぜ』マリー・ホール・エッツ作、たなべ いすずやく、冨山房、1975年
- 『かぜは どこへいくの』シャーロット＝ゾロトウさく、ハワード＝ノッツえ、まつおかきょうこやく、偕成社、1981年

絵本のリスト

- 『かぜのおまつり』いぬいとみこさく、梶山俊夫え、福音館書店、1977年
- 『かぜ』イブ・スパング・オルセンさく、ひだにれいこやく、亜紀書房、2016年
- 『はるかぜ とぷう』小野かおるさく・え、福音館書店、1998年
- 『ぐるりかぜ』井上洋介、文溪堂、2004年
- 『風さん』ジビュレ・フォン・オルファース作、秦理絵子訳、平凡社、2003年
- 『風を つかまえた ウィリアム』ウィリアム・カムクワンバとブライアン・ミーラー、エリザベス・ズーノン絵　さくまゆみこ訳、さ・え・ら書房、2012年
- 『ささやくかぜ うずまくかぜ かこさとしの自然のしくみ地球のちから えほん 第5巻』絵と文かこさとし、農山漁村文化協会、2005年
- 『かぜのひのおはなし』かこさとし・さく、小峰書店、1998年
- 『そよそよとかぜがふいている』長新太・さく、復刊ドットコム、2015年

3. パタパタどうぶつ

- 『カニ ツンツン』金関寿夫ぶん、元永定正え、福音館書店、2001年
- 『やまなし』宮沢賢治・作　遠山繁年・絵、偕成社、1987年
- 『ロボットのくにSOS』たむらしげる、福音館書店、1996年

4. ぎんいろのたまご

- 『うちゅうたまご』荒井良二、イースト・プレス、2009年
- 『からからからが…』高田桂子・作、木曽秀夫・絵、文研出版、2001年
- 『だれのたまご』斉藤洋・作、高畠那生・絵、フレーベル館、2012年
- 『にわとりとたまご』イエラ・マリ／エンゾ・マリさく、ほるぷ出版、1995年
- 『ひよこのかずはかぞえるな』イングリとエドガー・パーリン・ドーレアさく、せた・ていじやく、福音館書店、1978年
- 『たまごのはなし――かしこくておしゃれでふしぎな、ちいさないのち』ダイアナ・アストン文、シルビア・ロング絵、千葉茂樹訳、ほるぷ出版、2007年
- 『あれこれ たまご』とりやまみゆき文、中の滋絵、福音館書店、2007年

5. おどるモール人間

- 『あ』大槻あかね、福音館書店、2008年
- 『あ あ』(「こどものとも年中向き」2017年12月号・通巻第381号)、大槻あかね、福音館書店、2017年
- 『ブタとタコのダンス』長新太、学習研究社、2005年
- 『おどりトラ』金森襄作再話、鄭琡香画、福音館書店、1997年
- 『ねこのくにのおきゃくさま』シビル・ウェッタシンハ作、松岡享子訳、福音館書

店、1996年
- 『じしゃくのふしぎ』フランクリン・M・ブランリーさく、トゥルー・ケリーえ、かなもりじゅんじろうやく、福音館書店、2009年

6. ソーマトロープ

- 『こすずめのぼうけん』ルース・エインズワースさく、いしいももこやく、ほりうちせいいちえ、福音館書店、1977年
- 『すばこ』キム・ファン文、イ・スンウォン、ほるぷ出版、2016年
- 『おやすみ みみずく』パット＝ハッチンスさく、わたなべしげおやく、偕成社、1977年
- 『よだかの星』宮沢賢治・作、ささめやゆき・絵、三起商行、2008年

7. カラフルなコマ

- 『こま 「かがくのとも」通巻34号 復刻版』藤川正信ぶん・え、福音館書店、2010年
- 『独楽 こま』全日本独楽回しの会監修 安藤正樹文、文溪堂、2003年
- 『ぴゅんぴゅんごまがまわったら』宮川ひろ・作、林明子・絵、童心社、1982年

8. おきあがりこぼし

- 『だるまちゃんとてんぐちゃん』加古里子さく／え、福音館書店、1967年
- 『だるまさんが』かがくいひろし／さく、ブロンズ新社、2008年
- 『だるまだ！』高畠那生、長崎出版、2008年

9. パラシュート

- 『よかったね ネッドくん』レミー・シャーリップさく、やぎたよしこやく、偕成社、1969年
- 『あ あ』（「こどものとも年中向き」2017年12月号・通巻第381号）、大槻あかね、福音館書店、2017年
- 『ほら なにもかも おちてくる』ジーン・ジオンぶん、マーガレット・ブロイ・グレアムえ、まさきるりこやく、瑞雲舎、2017年
- 『ふってきました』もとしたいづみ・文、石井聖岳・絵、講談社、2007年
- 『ききゅうに のった こねこ』マーガレット・ワイズ・ブラウンさく、レナード・ワイスガードえ、こみやゆうやく、長崎出版、2011年

10. スクラッチアート

- 『くれよんの くろくん』なかやみわさく・え、童心社、2001年
- 『飛行機にのって』磯良一さく、長崎出版、2007年
- 『ぼくのくれよん』おはなし・え長新太、

講談社、1993年
- 『クレヨンからのおねがい!』ドリュー・デイウォルト文、オリヴァー・ジェファーズ絵、木坂涼訳、ほるぷ出版、2014年
- 『まっくらやみのまっくろ』ミロコマチコ、小学館、2017年

11. みんなでちぎってつくろう

- 『びりびり』東君平、ビリケン出版、2000年
- 『かみちゃん』たにうちつねおさく、大日本図書、2011年
- 『ガオ』田島征三・作、福音館書店、2005年
- 『えを かく かく かく』エリック・カール作、アーサー・ビナード訳、偕成社、2014年
- 『コレで なにする?——おどろき・おえかき』大月ヒロ子構成・文、福音館書店、2009年

12. みんながアーティスト

- 『まちには いろんな かおが いて』佐々木マキ文・写真、福音館書店、2013年
- 『かみちゃん』たにうちつねおさく、大日本図書、2011年
- 『いしころ』作・森宏詞、絵・京田信太良、撮影・平光紀雄、文研出版、1973年
- 『ふゆめ がっしょうだん』冨成忠夫、茂木透＝写真、長新太＝文、福音館書店、

1990年
- 『びりびり』東君平、ビリケン出版、2000年
- 『1まいの かみの どうぶつたち』(「かがくのとも」2016年2月号・通巻第563号)、谷内庸生さく、西山悦子撮影、福音館書店、2017年
- 『えをかく』谷川俊太郎・作、長新太・絵、講談社、2003年
- 『あたらしい ともだち』トミー・ウンゲラー作、若松宣子訳、あすなろ書房、2008年
- 『へんなどうつぶ』ワンダ・ガアグ文と絵、わたなべしげお訳、瑞雲舎、2010年

13. カラフルなおめん

- 『えんにち』五十嵐豊子さく、福音館書店、1977年
- 『ねこのくにのおきゃくさま』シビル・ウェッタシンハ作、松岡享子訳、福音館書店、1996年
- 『おめんです』いしかわこうじ、偕成社、2013年
- 『お面』日本玩具博物館監修、井上重義文、文溪堂、2012年

14. ひらべったいさかなつり
15. 立体さかなつり

- 『さかな』ブライアン・ワイルドスミスえとぶん、わたなべしげおやく、らくだ出

版、1978年
- 『小さい りょうしさん』マーガレット・ワイズ・ブラウン文、ダーロフ・イプカー絵、やましたはるお訳、BL出版、2012年
- 『おさかないちば』加藤休ミ、講談社、2013年
- 『うおいちば』安江リエぶん、田中清代え、福音館書店、2016年
- 『11ぴきのねこ』馬場のぼる、こぐま社、1978年

16. かえる ぴょーん

- 『ゆかいなかえる』ジュリエット・ケペシュぶん・え、いしいももこやく、福音館書店、1964年
- 『ふたりは ともだち』アーノルド・ローベル作、三木卓訳、文化出版局、1972年
- 『とべ、カエル、とべ！』ロバート・カランぶん、バイロン・バートンえ、松川真弓やく、評論社、1988年
- 『かえるが みえる』さく＝まつおかきょうこ、え＝馬場のぼる、こぐま社、1975年
- 『かえるのつなひき』儀間比呂志さく・え、福音館書店、1998年
- 『アマガエルとくらす』山内祥子文、片山健絵、福音館書店、2003年
- 『かんがえるカエルくん』いわむらかずお、福音館書店、1996年

- 『カエルの おでかけ』高畠那生、フレーベル館、2013年

17. へび ぴょーん

- 『へびのクリクター』トミー・ウンゲラー、中野完二訳、文化出版局、1974年
- 『だれかさんの目』マイケル・グレイニエツ絵と文、ほそのあやこ訳、セーラー出版、2004年
- 『どいてよ へびくん』五味太郎、偕成社、2003年
- 『へび のみこんだ なに のみこんだ？』tupera tuperaさく、えほんの杜、2011年
- 『ながいながい へびのはなし』風木一人・文、高畠純・絵、小峰書店、2001年

18. ダンボール空気砲

19. ロケット発射

20. ペットボトル空気砲

- 『くうきは どこに？』フランクリン・M・ブランリーさく、ジョン・オブライエンえ、おおにしたけお／りゅうさわあややく、福音館書店、2009年
- 『くうき』まど・みちお詩、ささめやゆきえ、理論社、2011年
- 『空気のはたらき』マリア・ゴードンさく、マイク・ゴードンえ、にしもとけいすけやく、ひかりのくに、1996年

21. ドングリのあそびかた

- 『どんぐり』こうやすすむさく、福音館書店、1988年
- 『どんぐりかいぎ』こうやすすむ・文、片山健・絵、福音館書店、1995年
- 『どんぐりだんご』小宮山洋夫さく、福音館書店、2004年
- 『どんぐりと山猫』宮沢賢治・作、田島征三・絵、三起商行、2006年
- 『山のごちそう どんぐりの木』ゆのきようこ文、川上和生絵、理論社、2011年

22. クリスマスのくつした

- 『ばばばあちゃんの クリスマスかざり』さとうわきこ・作、福音館書店、2013年
- 『サンタクロースのふくろのなか』安野光雅、童話屋、2006年
- 『さむがりやのサンタ』レイモンド・ブリッグズさく、すがはらひろくにやく、福音館書店、1974年
- 『クリスマス・クリスマス』角野栄子さく、福音館書店、1992年
- 『クリスマスって なあに？』ジョーン・G・ロビンソン文・絵、こみやゆう訳、岩波書店、2012年
- 『クリスマスには おひげがいっぱい!? ほんとのサンタさんの話』ロジャー・デュボアザン作、今江祥智&遠藤育枝訳、BL出版、2009年

23. 浮かぶ玉

- 『ころ ころ ころ』元永定正さく、福音館書店、1984年
- 『まるのおうさま』（「かがくのとも」通巻23号復刻版）、谷川俊太郎ぶん、粟津潔え、福音館書店、2010年
- 『まり』谷川俊太郎・文、広瀬弦・絵、クレヨンハウス、2003年

24. ストローのちから

- 『はこぶ 五感のえほん…………10』佐々木幹郎文、いわむらかずお絵、復刊ドットコム、2016年
- 『ガリバーの冒険』ジョナサン・スウィフト原作、井上ひさし文、安野光雅絵、文藝春秋、2012年
- 『ライオンのおもさ はかれる？』ロバート・E・ウェルズ、せなあいこやく、評論社、1999年
- 『おうさまのおひっこし』牡丹靖佳、福音館書店、2012年
- 『あ あ』（「こどものとも年中向き」2017年12月号・通巻第381号）、大槻あかね、福音館書店、2017年

25. 落ちない水

- 『しずくのぼうけん』マリア・テルリコフスカさく、ボフダン・ブテンコえ、うちだりさこやく、福音館書店、1969年

- 『ひとしずくの水』ウォルター・ウィック、林田康一訳、あすなろ書房、1998年
- 『水は、』山下大明写真・文、福音館書店、2012年
- 『まほうのコップ』藤田千枝原案、川島敏生写真、長谷川摂子文、福音館書店、2012年
- 『こっぷ』（「かがくのとも」通算第35号復刻版）、谷川俊太郎文、今村昌昭写真、日下弘AD、福音館書店、2010年

26. きれいに落ちるのはどれだ？

- 『木の実は旅する』（月刊「たくさんのふしぎ」2015年5月号・通巻第362号）、渡辺一夫文、安池和也絵、福音館書店、2015年
- 『たねのずかん——とぶ・はじける・くっつく』高森登志夫え、古矢一穂ぶん、福音館書店、1990年
- 『たねのふしぎものがたり——2 旅立ち、広がるたね』山田実編著、森雅之絵、岩崎書店、2015年
- 『たねのはなし——かしこくておしゃれでふしぎな、ちいさないのち』ダイアナ・アストン文、シルビア・ロング絵、千葉茂樹訳、ほるぷ出版、2008年
- 『たねが とぶ』甲斐信枝さく、森田竜義監修、福音館書店、1993年
- 『かみひこうき』小林実ぶん、林明子え、福音館書店、1976年

27. かっこよく着地

- 『エミールくん がんばる』トミー・ウンゲラー作、今江祥智訳、文化出版局、1975年
- 『たこなんかじゃないよ』秋野和子文、秋野亥左牟絵、福音館書店、2005年
- 『ちいさなねこ』石井桃子さく、横内襄え、福音館書店、1967年

28. 浮かびあがる絵

- 『からすのせっけん』むらやまけいこさく、やまわきゆりこえ、福音館書店、2002年
- 『みんなでせんたく』フレデリック・ステールさく、たなかみえやく、福音館書店、2011年
- 『せっけん つけて ぷくぷく ぷわー』岸田衿子・文、山脇百合子・絵、福音館書店、1999年
- 『わにわにのおふろ』小風さちぶん、山口マオえ、福音館書店、2004年
- 『どろんこハリー』ジーン・ジオンぶん、マーガレット・ブロイ・グレアムえ、わたなべしげおやく、福音館書店、1964年

29. ひみつの手紙

- 『きょうはなんのひ？』瀬田貞二・作、林明子・絵、福音館書店、1979年

- 『てがみをください』やましたはるおさく、むらかみつとむえ、文研出版、1976年
- 『たいせつな てがみ』マックス・ベルジュイス絵と文、のざかえつこ訳、セーラー出版、2011年
- 『ピーターのてがみ』エズラ=ジャック=キーツさく、きじまはじめやく、偕成社、1974年
- 『はるかぜのホネホネさん』にしむらあつこさく・え、福音館書店、2007年
- 『ロベルトのてがみ』マリー・ホール・エッツ作、こみやゆう訳、好学社、2016年
- 『もりのてがみ』片山令子さく、片山健え、福音館書店、2006年
- 『おてがみ』なかがわりえこさく、なかがわそうやえ、福音館書店、1998年
- 『へんてこだより ニルゲンツものがたり』斉藤洋作、杉浦範茂絵、小峰書店、2016年
- 『ひみつだから!』ジョン・バーニンガムぶん・え、福本友美子やく、岩崎書店、2010年

30. 空気と水をつかまえよう

- 『くうきは どこに?』フランクリン・M・ブランリーさく、ジョン・オブライエンえ、おおにしたけお/りゅうさわあややく、福音館書店、2009年
- 『くうき』まど・みちお詩、ささめやゆきえ、理論社、2011年
- 『空気のはたらき』マリア・ゴードンさく、マイク・ゴードンえ、にしもとけいすけやく、ひかりのくに、1996年
- 『ひとしずくの水』ウォルター・ウィック、林田康一訳、あすなろ書房、1998年
- 『こっぷ』(「かがくのとも」通巻第35号復刻版)、谷川俊太郎文、今村昌昭写真、日下弘AD、福音館書店、2010年
- 『まほうのコップ』藤田千枝原案、川島敏生写真、長谷川摂子文、福音館書店、2012年

31. 紙の舟

- 『絵巻えほん 船 改訂新版』柳原良平、こぐま社、2004年
- 『かばくんのふね』岸田衿子さく、中谷千代子え、福音館書店、1990年
- 『だいちゃんとうみ』太田大八さく・え、福音館書店、1992年
- 『よあけ』ユリー・シュルヴィッツ作・画、瀬田貞二訳、福音館書店、1977年
- 『おふろの おふろくん』及川賢治/竹内繭子、学習研究社、2007年
- 『たぐぼーとの いちにち』小海永二作、柳原良平画、福音館書店、2004年
- 『船を見にいく』アントニオ・コック作、ルーカ・カインミ絵、なかのじゅんこ訳、きじとら出版、2016年
- 『ぼくはかわです』植田真、WAVE出版、2016年

32. 浮かぶたまご

- 『にわとりとたまご』イエラ・マリ／エンゾ・マリさく、ほるぷ出版、1995年
- 『ひよこのかずはかぞえるな』イングリとエドガー・パーリン・ドーレアさく、せた・ていじやく、福音館書店、1978年
- 『われたたまご』フィリピン民話、小野かおる再話／画、福音館書店、1997年
- 『タマゴ イスに のり』井上洋介作・絵、鈴木出版、2012年
- 『たまごのはなし──かしこくておしゃれでふしぎな、ちいさないのち』ダイアナ・アストン文、シルビア・ロング絵、千葉茂樹訳、ほるぷ出版、2007年
- 『あれこれ たまご』とりやまみゆき文、中の滋絵、福音館書店、2007年
- 『水に うくもの しずむもの』マリア・ゴードンさく、マイク・ゴードンえ、にしもとけいすけやく、ひかりのくに、1996年

33. 浮かぶ一円玉

- 『うまれたよ！ アメンボ』中瀬潤写真、小杉みのり構成・文、岩崎書店、2013年
- 『やまなし　画本 宮澤賢治』宮澤賢治作、小林敏也画、パロル舎、1985年
- 『水に うくもの しずむもの』マリア・ゴードンさく、マイク・ゴードンえ、にしもとけいすけやく、ひかりのくに、1996年
- 『しずくのぼうけん』マリア・テルリコフスカさく、ボフダン・ブテンコえ、うちだりさこやく、福音館書店、1969年
- 『ひとしずくの水』ウォルター・ウィック、林田康一訳、あすなろ書房、1998年

34. こぼれるまであといくつ？

- 『まほうのコップ』藤田千枝原案、川島敏生写真、長谷川摂子文、福音館書店、2012年
- 『こっぷ』（「かがくのとも」通巻第35号復刻版）、谷川俊太郎文、今村昌昭写真、日下弘AD、福音館書店、2010年
- 『水に うくもの しずむもの』マリア・ゴードンさく、マイク・ゴードンえ、にしもとけいすけやく、ひかりのくに、1996年
- 『しずくのぼうけん』マリア・テルリコフスカさく、ボフダン・ブテンコえ、うちだりさこやく、福音館書店、1969年
- 『ひとしずくの水』ウォルター・ウィック、林田康一訳、あすなろ書房、1998年

35. 色水タワー

- 『ブレーメンのおんがくたい』ハンス・フィッシャーえ、せたていじやく、福音館書店、1964年
- 『ぞうくんのさんぽ』なかのひろたかさく・え、なかのまさたかレタリング、福音館書店、1977年

絵本のリスト

- 『しましまじま』ツペラツペラさく、ブロンズ新社、2006年
- 『１００かいだてのいえ』いわいとしお、偕成社、2008年
- 『バベルの塔』かすや昌宏絵、佐久間彪文、至光社、2015年

36. くっつくのはどれだ？

- 『じしゃくのふしぎ』フランクリン・M・ブランリーさく、トゥルー・ケリーえ、かなもりじゅんじろうやく、福音館書店、2009年
- 『くっつくふしぎ』田中幸／結城千代子文、村田まり子絵、福音館書店、2000年
- 『なかまはずれ』(「かがくのとも」通巻第18号復刻版)、安野光雅ぶん・え、福音館書店、2010年
- 『電気とじしゃく』マリア・ゴードンさく、マイク・ゴードンえ、にしもとけいすけやく、ひかりのくに、1996年

37. もしもしの前に
38. よく聞こえるのはどれだ？
39. 遠くても聞こえる？

- 『いとでんわ』(「かがくのとも」通巻第7号復刻版)、小林実ぶん、小林桜子え、福音館書店、2010年
- 『でんわ』K・チュコフスキー・作、S・オストローフ・絵、田中潔・訳、偕成社、2011年
- 『帽子から電話です』新装版、長田弘・作、長新太・絵、偕成社、2017年
- 『きこえる？』はいじまのぶひこ、福音館書店、2012年
- 『でんわでおはなし』五味太郎、絵本館、1980年
- 『メアリー・アリス いまなんじ？』ジェフリー・アレン文、小沢正訳、ジェームズ・マーシャル絵、童話館、1995年
- 『もしもし…』竹下文子・文、高畠純・絵、偕成社、2000年
- 『きこえる！ きこえる！』ことば＝アン・ランド、え＝ポール・ランド、やく＝たにかわしゅんたろう、集英社、2007年
- 『音ってなんだろう』マリア・ゴードンさく、マイク・ゴードンえ、にしもとけいすけやく、ひかりのくに、1996年
- 『きいてみよう しんぞうの おと』ポール・シャワーズさく、ホリー・ケラーえ、ほそやりょうたやく、福音館書店、2009年

40. 果物、うくかな？しずむかな？

- 『くだもの』平山和子さく、福音館書店、1981年
- 『ハンダのびっくりプレゼント』アイリーン・ブラウン作、福本友美子訳、光村教育図書、2006年
- 『くだもの だいすき！』マレーク・ベロニカ文と絵、マンディ・ハシモト・レナ

訳、風濤社、2011年
- 『みかん』中島睦子・作、こうやすすむ・監修、福音館書店、2004年
- 『水に うくもの しずむもの』マリア・ゴードンさく、マイク・ゴードンえ、にしもとけいすけやく、ひかりのくに、1996年
- 『やまなし　画本 宮澤賢治』宮澤賢治作、小林敏也画、パロル舎、1985年

41. 野菜、うくかな?しずむかな?

- 『やさいの おなか』きうちかつさく・え、福音館書店、1997年
- 『マクドナルドさんのやさいアパート』ジュディ・バレット／文、ロン・バレット／画、ふしみみさを／訳、朔北社、2009年
- 『やさい』平山和子さく、福音館書店、1982年
- 『じゃがいも畑』カレン・ヘス文、ウェンディ・ワトソン絵、石井睦美訳、光村教育図書、2011年
- 『水に うくもの しずむもの』マリア・ゴードンさく、マイク・ゴードンえ、にしもとけいすけやく、ひかりのくに、1996年
- 『やまなし　画本 宮澤賢治』宮澤賢治作、小林敏也画、パロル舎、1985年

42. サインペンはなにいろ?
43. サインペンの花

- 『かえるのはなび』長新太作・絵、佼成出版社、1981年
- 『みんなのはなび』おくはらゆめ、岩崎書店、2012年
- 『あおくんときいろちゃん』レオ・レオーニ・作、藤田圭雄・訳、至光社、1979年
- 『いろいろいろのほん』エルヴェ・テュレさく、たにかわしゅんたろうやく、ポプラ社、2014年
- 『じぶんだけの いろ』レオ＝レオニ、谷川俊太郎訳、好学社、1975年

44. ムラサキキャベツの変化
45. ムラサキキャベツに絵を描こう

- 『いろ いきてる!』谷川俊太郎文、元永定正絵、福音館書店、2008年
- 『色はなぜたくさんあるの』マリア・ゴードンさく、マイク・ゴードンえ、にしもとけいすけやく、ひかりのくに、1996年
- 『いろいろへんな いろのはじまり』アーノルド・ローベル作、まきたまつこやく、冨山房、1975年
- 『あおくんときいろちゃん』レオ・レオーニ・作、藤田圭雄・訳、至光社、1979年
- 『いろいろいろのほん』エルヴェ・テュレさく、たにかわしゅんたろうやく、ポプラ社、2014年
- 『きっと みんな よろこぶよ!』ピータ

絵本のリスト

ー・スピアー、松川真弓やく、評論社、1987年
● 『じぶんだけの いろ』レオ=レオニ、谷川俊太郎訳、好学社、1975年

おわりに

　本書は、図書館でおこなった工作、科学遊びを、だれにでもわかりやすいよう再検討し、まとめたものです。

　それらのもともとのかたちは、ぼくが1人きりで生んだものではなく、工作会、科学遊びの会をともに受け持ったそれぞれの方々と話し合い、本を開き、考え、試しながらつくってきたものです。本書をつくるためにこれまでの記録をたぐり再現することは、1人ひとりとの仕事をひとつずつこの手に取ってよく思い出すことでもありました。

「つくってあそぼう」「かがくであそぼう」に参加したすべての子どもたちも、本書の成り立ちに欠くことができません。かれらの透明で直線的なまなざしとやわらかな笑みのなかにあって、いつも新しいことを始めることができました。ぼくはかれらにこそ学び、励まされてきました。ぼくはいつもかれらを驚かせたいと思っています。

　22歳で図書館に勤め始め、そこで児童サービスの担当についたとき、ぼくが子どもや児童書について知っていることはなにもありませ

んでした。まわりの人からよく教わり、子どもたちを見て、また、本を読むことで、29歳の現在までどうにか児童図書館員として働き続けることができました。

　本書がどこかの児童図書館に置かれること、そして、そこに勤める新しい児童図書館員のどなたかが「さて、何をしよう？」と迷うとき、本書をふと開いてくれることを夢みています。

　2017年の夏、吉井館長（当時）から声をかけていただき、秋口から2人での本書の制作が始まりました。途次にはひとりいきづまる夜や昼がありましたが、いま、一冊の本というかたちでこれまでの仕事をまとめる機会にめぐりあえたことを、めぐまれたことだと感じています。

　お世話になった1人ひとりにお会いしてお礼を言うことができないために、ここに記します。ありがとうございました。

2018年4月25日
柏原　寛一

イラストの型紙

型紙 000 ページ　このマークがついている作品の型紙です。
好きな大きさにコピーしてご利用ください。

1.コロコロどうぶつ

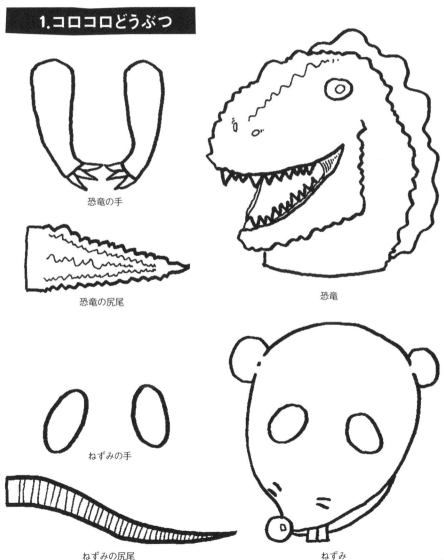

恐竜の手

恐竜の尻尾

恐竜

ねずみの手

ねずみの尻尾

ねずみ

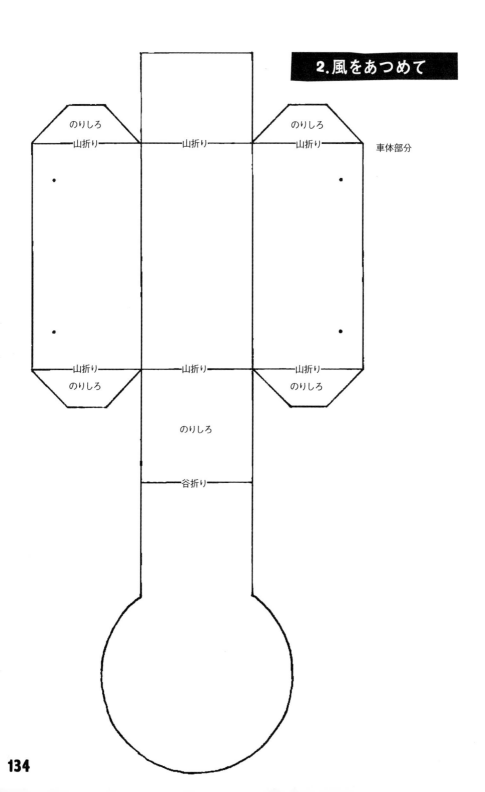

2.風をあつめて

2. 風をあつめて

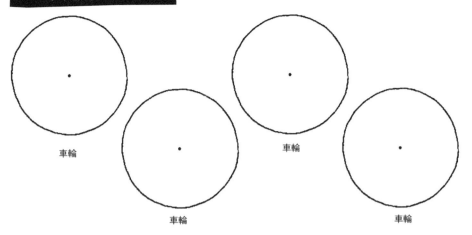

車輪　　車輪　　車輪　　車輪

3. パタパタどうぶつ

5. おどるモール人間

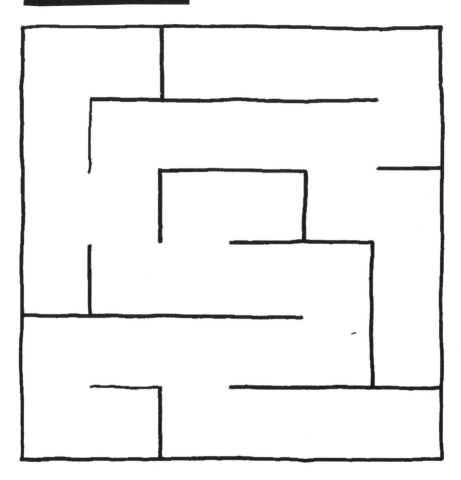

迷路

6. ソーマトロープ

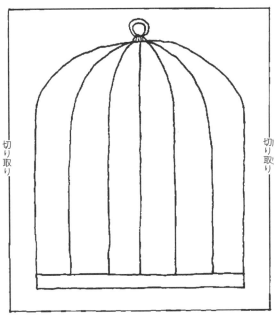

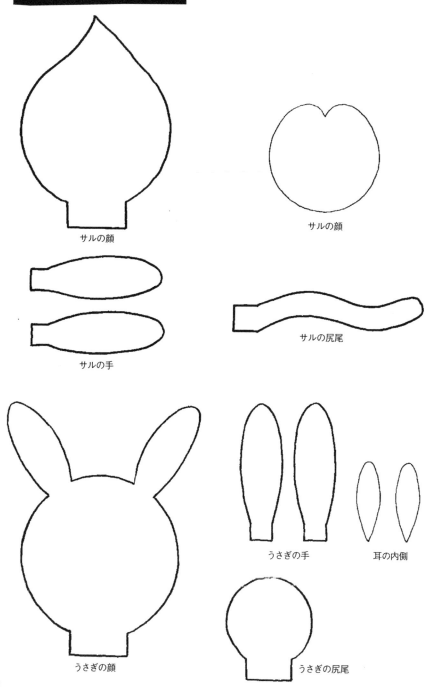

14. ひらべったいさかなつり

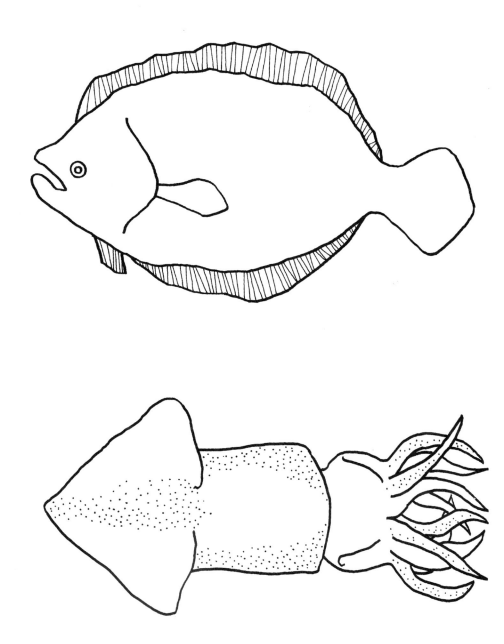

16. かえる ぴょーん

17. へび ぴょーん

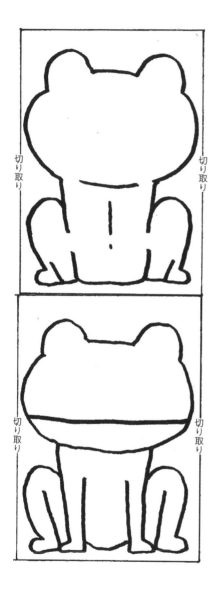
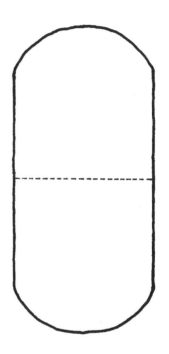

18.ダンボール空気砲

20.ペットボトル空気砲

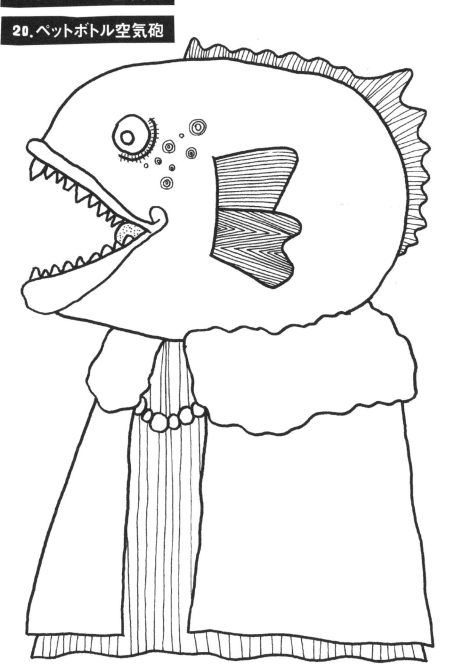

18.ダンボール空気砲

20.ペットボトル空気砲

27. かっこよく着地

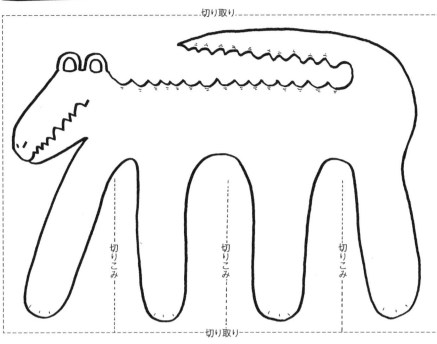

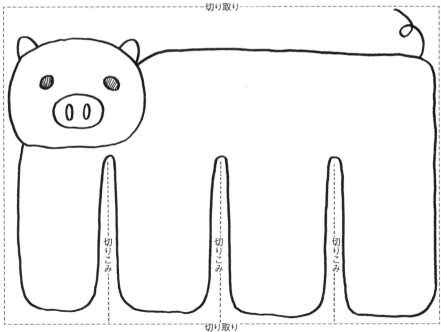

27. かっこよく着地

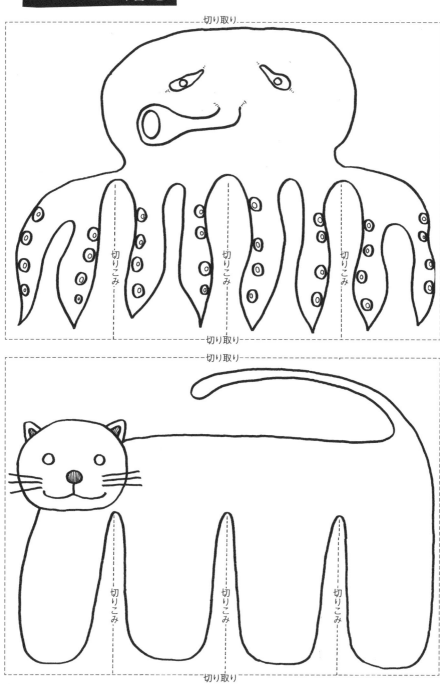

27. かっこよく着地

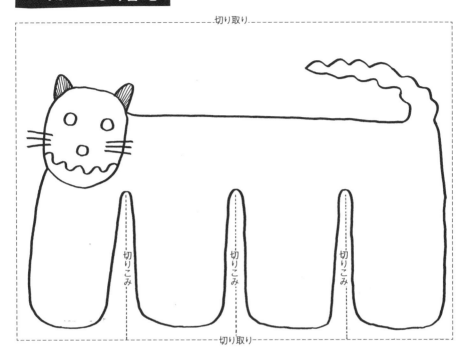

写真―― 小泉賢一郎
デザイン―― 和田悠里［スタジオ・ポット］

［著者略歴］
吉井 潤 よしい じゅん
1983年、東京都生まれ
慶應義塾大学大学院文学研究科図書館・情報学専攻情報資源管理分野修士課程修了
現在、図書館総合研究所主任研究員、都留文科大学非常勤講師
地域資料デジタル化研究会監事、三田図書館・情報学会会員、日本図書館協会会員
著書に『29歳で図書館長になって』『仕事に役立つ専門紙・業界紙』(ともに青弓社)、『知って得する図書館の楽しみかた』(勉誠出版)、共著に『図書館の活動と経営』(青弓社) など

柏原寛一 かしわばら ひろかず
1988年、東京都生まれ
江戸川区立東葛西図書館を経て、現在、江戸川区立篠崎子ども図書館チーフ

つくってあそぼう！
本といっしょに、つくってかがくであそぼう

発行	2018年6月26日	第1刷
	2018年8月15日	第2刷
定価	1800円＋税	
著者	吉井 潤／柏原寛一	
発行者	矢野恵二	
発行所	株式会社青弓社	
	〒101-0061 東京都千代田区神田三崎町3-3-4	
	電話 03-3265-8548（代）	
	http://www.seikyusha.co.jp	
印刷所	三松堂	
製本所	三松堂	

©2018
ISBN978-4-7872-3436-0　C0037

牧野節子
童話を書こう！完全版
アイデアの出し方や登場人物の描き分け、ストーリーの進め方などを、名作童話や小説、コントなどを具体例にして解説し、童話を組み立てるためのコツを余すところなくふんだんに伝授する。さあ、童話を書こう！　定価1600円＋税

牧野節子
子や孫に贈る童話100
生きる勇気と知恵、豊かな感性を養うヒントにあふれた童話・児童文学100作品。「想像力」「家族」「友達」「勇気」などのジャンルから、幼年─低学年、中学年、高学年にふさわしい作品がすぐに見つかる楽しいガイド。　定価1600円＋税

渡邊重夫
学校図書館の対話力
子ども・本・自由
学びを支え、創造性と自主性を培い、批判的精神を形成する学校図書館。外部の力学からの独立を訴え、特定の図書の閉架や「焚書」の検証を通して、子どもの成長に不可欠な対話力を備えたあり方を提言する。　定価2000円＋税

加藤博之／藤江美香
障がい児の子育てサポート法
障がい児をどう育てるのか──親の悩みを少しでも軽減し、希望をもって子育てをするために、幼児期の接し方、就学の準備、学校生活、専門家の見極め方など、成長過程や日常の場面に沿って具体的な対応方法を提言。　定価2000円＋税

広瀬浩二郎 編著
ひとが優しい博物館
ユニバーサル・ミュージアムの新展開
ユニバーサル・ミュージアムとは何か。美術館でのさわる鑑賞プログラムやさわる展示、さわるワークショップの実例、観光やまちづくりに役立つユニバーサル・デザインのあり方を、多様な現場の人々が報告する。　定価2000円＋税